Ich muss nicht wütend sein

Das Mitmachbuch für Kinder

Samantha Snowden

Ich muss nicht wütend sein

Das Mitmachbuch für Kinder

50 unterhaltsame Übungen, um in jeder Situation ruhig und freundlich zu bleiben

Vorwort von Dr. Andrew Hill, Hirnforscher

Illustrationen von Sarah Rebar

Aus dem Englischen von Melanie Schirdewahn

YES

Überarbeitete Neuausgabe
1. Auflage 2023

Türkenstraße 89, 80799 München
info@yes-publishing.de

Die amerikanische Originalausgabe erschien 2018 bei Althea Press, a Callisto Media, Inc., Imprint, unter dem Titel *Anger Management Workbook for Kids: 50 Fun Activities to Help Children Stay Calm and Make Better Choices When They Feel Mad.*

Redaktion: Kristin Lohmann
Produktionsleitung: Erum Khan
Umschlaggestaltung: Ivan Kurylenko (hortasar covers)
Illustrationen: © Sarah Rebar, 2018
Layout: Patrick Barber und Alyssa Nassner
Satz: Ortrud Müller – Die Buchmacher, Köln
Druck: Florjancic Tisk d.o.o., Slowenien
Printed in the EU

ISBN 978-3-96905-283-9

Schon seit geraumer Zeit genieße ich das große Privileg, anderen Lehrenden und auch geliebten Menschen beratend und anleitend zur Seite stehen zu dürfen. Ich möchte dieses Übungsbuch all jenen Eltern widmen, die immer wieder aufs Neue die tiefste Liebe zeigen, zu der Menschen fähig sind. Außerdem möchte ich mich bei all meinen Lehrerinnen und Lehrern bedanken, die ihren großen Schatz an Weisheit großzügig mit mir teilen.

In erster Linie widme ich dieses Buch jedoch meiner Mutter Melissa, die ein wahrer Engel auf Erden ist und überall ihre Liebe, Dankbarkeit und ihren unerschütterlichen Optimismus verbreitet.

Inhaltsverzeichnis

Erster Teil: Warum bist du wütend?

Zweiter Teil: Was passiert, wenn du wütend bist?

Dritter Teil: Bedienungsanleitung für deine Wut

Vorwort

FÜR UNSER HANDELN SIND WIR ALLE SELBST VERANTWORTLICH, doch wie steht es um den Umgang mit unseren Gedanken und Gefühlen und deren Auswirkungen? Darauf werden die wenigsten in der Kindheit vorbereitet – und sind dann als Erwachsene gezwungen, sich Bewältigungsstrategien anzueignen oder diese zu verbessern. Doch dafür müssen wir die eigenen Gefühle erst identifizieren und benennen können, denn das wiederum verleiht uns die Macht, sie zu regulieren. Die meisten Menschen – auch Kinder – könnten ein glücklicheres, entspannteres Leben führen, wenn sie lernen würden, ihre Gefühle zu verstehen, statt einfach nur auf sie zu reagieren. Denn sobald man Kontrollmechanismen erlernt hat und seinen Gedanken und Emotionen nicht mehr unreflektiert nachgibt, kann man auch mit der Umwelt und den Gefühlen anderer besser umgehen.

Kinder sind keine kleinen Erwachsenen. Sie haben ein größeres emotionales Bedürfnis nach Sicherheit und Geborgenheit. Sie spüren sehr genau, wenn etwas nicht in Ordnung ist, sie sich unwohl fühlen oder etwas nicht mögen – nur verfügen sie noch nicht über dieselben Kontrollmechanismen wie Erwachsene. Wenn sie aber lernen, ihre Gefühle, Gedanken und Reaktionen besser zu verstehen, können sie Strategien zur Selbstregulation entwickeln und sich weitere Techniken aneignen, von denen sie lebenslang profitieren werden.

Als Kind der 1970er-Jahre, das häufig ängstlich und wütend war, hätte ich mir ein Buch dieser Art gewünscht, das mir geholfen hätte, mich besser in dem allgemeinen emotionalen Chaos zurechtzufinden, das jedes Kind durchlebt.

Mit ihrem Übungsbuch unterstützt Samantha Snowden Kinder bei der Wahrnehmung ihres emotionalen Innenlebens und beim Umgang mit diesen Emotionen. Kinder können großartige Fähigkeiten zur Selbstregulation entfalten, wenn sie eine gewisse Unabhängigkeit von der eigenen Gefühlswelt entwickeln und sich ihr nicht mehr hilflos ausgeliefert fühlen – und zwar nicht durch Ignorieren oder Unterdrücken der Emotionen, sondern indem sie die dadurch hervorgerufenen Prozesse und Umstände prüfen und bewerten.

Ich arbeite schon seit vielen Jahren in verschiedenen Gesundheits- und Wellnesskontexten mit Samantha Snowden zusammen. Sie ist bei Kindern stets die beliebteste Achtsamkeitslehrerin und wird für ihre Empathie, Fürsorge und ihren Humor sehr geschätzt. Sie hat unseren gemeinsamen Klienten und Freunden viel Gutes getan. Ich war also hocherfreut, als man mich bat, das Vorwort für ihr Buch *Ich muss nicht wütend sein* zu schreiben.

Die Übungen und Texte in diesem Buch können Kindern aller Altersgruppen dabei helfen, Wut-Verhaltensmuster zu durchbrechen. Es bietet effektive Tools, mit denen Kinder lernen können, Wut und negative Gefühle zu verstehen, um sich mit den eigenen Emotionen wohler zu fühlen. Dies wiederum wird ihnen helfen, bei überbordenden Gefühlen schnell wieder handlungsfähig zu werden und sich weniger von Angst und Wut getrieben zu fühlen.

Dr. Andrew Hill
Gründungsdirektor des Peak Brain Institute und Dozent für Psychologie an der UCLA

Brief an die ELTERN

HALLO, LIEBE ELTERN!

In meiner mehr als zehnjährigen Tätigkeit als Familientherapeutin habe ich festgestellt, dass kaum etwas den Familienfrieden so sehr gefährdet wie Wut. Ich habe Familien erlebt, die sich immer wieder aufs Neue mit denselben frustrierenden Situationen konfrontiert sahen – beispielsweise, wenn es um den Weg zur oder von der Schule, den Umgang mit Spielkonsolen, Handy und Computerspielen oder das Zubettgehen ging.

Ich hoffe, dass ich mit diesem Übungsbuch die Kommunikation und das Zusammengehörigkeitsgefühl in Ihrer Familie stärken kann und dass Sie gemeinsam zu einem besseren gegenseitigen Verständnis sowie zu mehr Kooperation und Selbsterkenntnis finden.

Die Aufgaben in diesem Buch können Eltern und Kinder gemeinsam lösen, oder Ihr Kind beschäftigt sich allein damit. Falls Sie zusammen an den Übungen arbeiten, empfehle ich Ihnen, nicht nur die Wut-Angewohnheiten Ihres Kindes, sondern auch Ihre eigenen zu erforschen – ohne Schuldzuweisungen. Wenn Sie sich hinsichtlich Ihrer eigenen Wut-Erfahrungen öffnen, wird sich auch Ihr Kind wohler dabei fühlen, sein Inneres preiszugeben, und verstehen, dass Wut ein Gefühl ist, das jeder kennt.

Dieses Übungsbuch kreist um die folgenden Themen:

- Identifizieren von Wut-Angewohnheiten
- Erkennen, wie Wut sich anfühlt
- Ursachen von Wut verstehen
- Gefühle, Bedürfnisse und Wünsche kommunizieren
- Förderung von Selbstliebe, Freude und Wertschätzung

Durch die Übungen lernt Ihr Kind, der eigenen Wut offen und wohlwollend zu begegnen. Zunächst wird es erkennen, welche Verhaltensmuster mit der eigenen Wut verbunden sind und welche Folgen Wut haben kann. Darauf aufbauend kann es durch weitere Übungen lernen, wie man mit Dankbarkeit, Freundlichkeit und Selbstfreundlichkeit zu einem glücklicheren Dasein findet.

Ich wünsche Ihnen gutes Gelingen und hoffe, dass der Weg dorthin für alle Beteiligten erfreulich, erhellend und erleichternd sein wird.

Herzliche Grüße, Samantha

Brief an die **KINDER**

HALLO, LIEBE KINDER!
Wut ist ein sehr starkes Gefühl. Sie bringt einen manchmal sogar dazu, irgendwelche Dinge kaputt zu machen oder schlimme Sachen zu sagen, die einem später leidtun. Kennt ihr das auch? Wenn die Wut dann wieder weg ist und man darüber nachdenkt, was man gesagt oder getan hat, fühlt man sich oft schlecht. Dieses Buch möchte euch dabei helfen, besser mit eurer Wut umzugehen. Ihr könnt lernen, wie ihr aus der Wut herauskommt, bevor alles außer Kontrolle gerät. Das ist besser, als vor Wut an die Decke zu gehen oder die Wut herunterzuschlucken.

DAMIT IHR ES SCHAFFT, IST ES ABER erst mal wichtig, dass ihr euch selbst und eure Wut besser kennenlernt. Und dabei helfen euch die Übungen in diesem Buch. Sie sind ganz einfach und machen auch noch Spaß. Ihr erfahrt, was Wut eigentlich ist, und könnt verschiedene Dinge ausprobieren. Außerdem lernt ihr viele schlaue Tricks, die euch helfen können, trotz Wut freundlich und ruhig zu bleiben.

ARBEITET DAS BUCH NACH UND NACH DURCH und bittet vielleicht einen Erwachsenen darum, manche Übungen mit euch zusammen zu machen. Sprecht auch mit den Erwachsenen über das, was ihr bei den Aufgaben fühlt oder was ihr dabei lernt.

ZWEI SACHEN DÜRFT IHR ABER NIE VERGESSEN: Ihr seid mit eurer Wut nicht allein, denn jeder wird ab und zu mal wütend. Und ihr habt Menschen in eurer Nähe, die euch auf eurem Weg unterstützen und euch lieben.

ICH HOFFE, DIESES BUCH KANN EUCH DABEI helfen, mit eurer Wut und mit schwierigen Situationen besser umzugehen – damit ihr glücklicher und zufriedener werdet.

SEID GANZ LIEB GEGRÜSST

SAMANTHA

ERSTER TEIL

Warum bist du wütend?

Das lernst du im ersten Teil

Es ist gar nicht so einfach herauszufinden, wie die Wut eigentlich in deinen Bauch gelangt. Manchmal kommt sie wie aus dem Nichts oder dann, wenn man gerade gar nicht damit rechnet. Manche werden wütend, wenn sie an einen bestimmten Ort müssen, zum Beispiel in die Schule. Bei anderen steigt die Wut auf, wenn sie mit bestimmten Menschen zusammen sind. Um deine eigene Wut besser in den Griff zu kriegen, musst du erst einmal herausfinden, wie sie tickt.

In diesem Kapitel erfährst du, was Wut genau ist. Du lernst mehr darüber, wann Wut entstehen kann und welche Gefühle sie in dir und anderen Menschen auslöst. Wir schauen uns genau an, welche Dinge dich wütend machen, was in deinem Körper passiert und welche Wut-Angewohnheiten du hast. Wie Wissenschaftler mit riesigen Mikroskopen, unter denen alles sichtbar wird, was mit deiner Wut zu tun hat.

Denn wenn du weißt, *warum* du wütend wirst und wie sich die Wut auf deine Freunde und deine Familie auswirkt, kannst du viel besser damit umgehen und dich schneller wieder beruhigen.

SO FÜHLT SICH WUT AN

Stell dir vor, du bist eine Detektivin oder ein Detektiv. Detektive verfolgen Spuren und lösen Rätsel. Dein Rätsel lautet: Wie erkennst du deine Wut und wie würdest du sie beschreiben? Wie fühlt sie sich an?

Bei dir ist jeden Tag eine Menge los. Schule, Hausaufgaben, Freunde treffen, Sport machen, im Haushalt helfen. Manchmal hast du aber zum Beispiel gar keine Lust auf Schule! Die nervt! Und schon braut sich in deinem Bauch was zusammen. Was machst du, wenn die Wut in dir aufsteigt? Viele würden am liebsten laut schreien oder Dinge herumwerfen.

Gut, dass du jetzt gerade ganz entspannt und cool vor deinem Buch sitzt! Denn wenn man ruhig ist, findet man viel einfacher heraus, was einen eigentlich wütend macht. Und wenn du das weißt, kannst du das nächste Mal vielleicht cooler bleiben.

Du kannst auch auf die Zeichen hören, die dein Körper dir sendet. Wenn du wütend bist, klopft dein Herz schneller, dir wird heiß und du hast Lust, etwas kaputt zu machen oder gegen etwas zu treten.

In deinem Kopf sind jetzt nur noch Fragezeichen? Dann lass uns das Rätsel Wut gemeinsam lösen!

Lerne deine Wut kennen

Wut ist ein ganz natürliches Gefühl, das jeder kennt. Trotzdem wünscht man sich, dass sie ganz schnell wieder verschwindet. Es fühlt sich einfach nicht gut an, die Kontrolle über sich zu verlieren. Wie wäre es aber, dein inneres Wutmonster zu Kakao und Keksen einzuladen und deine Wut mal etwas besser kennenzulernen?

Nimm dir etwas Zeit und schau dir deine Wut genau an. Lies dir die folgenden Fragen durch und schließe nach jeder Frage die Augen, um dir die verschiedenen Eigenschaften deiner Wut besser vorstellen zu können. Wenn du damit fertig bist, kannst du ein Bild von deiner Wut malen.

Wie sieht deine Wut aus? ____

____

Wie riecht deine Wut? ____

____

Wie hört sich deine Wut an? ____

____

Wie fühlt sich deine Wut an? ____

____

Lerne deine Wut kennen, *Fortsetzung*

Wenn die Wut eine Figur aus einem Buch oder einer Fernsehserie wäre, wäre sie: __________

____

Ein Motto ist ein Spruch, der zeigt, welche Lebenseinstellung ein Mensch hat. Zum Beispiel: »Der Klügere gibt nach«. Wenn deine Wut ein Motto hätte, welches wäre das?

____

Nimm dir ein paar Minuten Zeit, um einen Brief an deine Wut zu schreiben. Unten findest du ein paar Zeilen, die dir den Anfang erleichtern sollen. Der Brief kann aber so lang werden, wie du willst.

BRIEF AN DIE WUT

Hallo Wut, ich heiße ______________________________.

Wenn du eine Farbe hättest, wärst du __________________________.

Du kommst meistens, wenn ____________________________.

Ich würde dich gerne ein bisschen besser kennenlernen. ____________________

____

____

____

Jetzt kennst du deine Wut schon etwas besser. Wie sieht sie aus, wenn sie dich besucht? Versuch mal, sie zu zeichnen.

Finde Worte für deine Gefühle

Wut ist ein starkes Gefühl. Sie zwingt dich, schnell zu handeln und nicht lang nachzudenken. Das liegt an einem bestimmten Teil deines Gehirns, der sich Mandelkern oder *Amygdala* (sprich Ah-müg-dala) nennt. Die Amygdala schaltet sich ein, sobald heftige Gefühle im Spiel sind wie Wut oder auch Angst. Du kannst sie dir wie eine Alarmanlage vorstellen. Früher, in der Steinzeit, als der Mensch sich vor wilden Tieren in Acht nehmen musste, um nicht gefressen zu werden, war es wichtig, bei Gefahr blitzschnell zu reagieren. Dafür sorgte die Amygdala.

Heute müssen wir keine Angst mehr vor wilden Tieren haben. Aber die Amygdala arbeitet immer noch wie in der Steinzeit. Wenn etwas passiert, womit wir überfordert sind, schlägt sie Alarm und löst zum Beispiel einen Wutanfall aus.

Zum Glück hat unser Gehirn aber einen Trick auf Lager. Es drückt bei heftigen Gefühlen kurz auf Pause, damit wir Zeit haben, über unsere Gefühle nachzudenken. Dann schaltet es einen Teil des Gehirns ein, der sehr vernünftig ist und die aufgeregte Amygdala beruhigt. Dieser Teil liegt direkt hinter unserer Stirn und nennt sich *präfrontaler Cortex*, abgekürzt PFC. Der PFC ist eine Art Gehirnpolizei. Sie sorgt dafür, dass wir kurz überlegen, welche Auswirkungen es für andere Menschen haben kann, bevor wir etwas tun. Der PFC steht in unserem Gehirn also für die Vernunft und die Amygdala für die Gefühle.

Gefühle sind aber so eine Sache. Es ist schwierig, sie zu beschreiben und die richtigen Worte dafür zu finden.

Unten siehst du ein paar Wörter, die verschiedene unangenehme Gefühle beschreiben. Lies sie dir durch oder lies sie einem Erwachsenen vor und frag nach, wenn du ein Wort nicht verstehst.

WÖRTER, DIE UNANGENEHME GEFÜHLE BESCHREIBEN

- beleidigt
- besorgt
- genervt
- gereizt
- gestresst
- müde
- nervös
- stinkig
- traurig
- ungeduldig
- wütend

Lies dir bitte die folgenden Sätze durch und stell dir vor, du würdest die Situation selbst erleben. Such dir dann aus der Liste auf Seite 122 ein oder zwei Gefühle aus, die du in dieser Situation empfindest, und schreib die Wörter in die Zeile. Am Ende kannst du noch selbst eine Situation hinzufügen und beschreiben, wie du dich in diesem Moment gefühlt hast.

Wenn ich morgens zur Schule muss, bin ich ------------------------------------

--.

Wenn ich lange darauf warten muss, abgeholt zu werden, bin ich --------------------

--.

Wenn ich zu spät zu einer Feier oder einem Treffen mit Freunden komme, bin ich ----------

--.

Wenn ich ein Spielzeug mit anderen teilen soll, aber nicht will, bin ich -----------------

--.

Wenn ich Albträume habe und deshalb nicht schlafen kann, bin ich -------------------

--.

Wenn ich ---,

bin ich --.

Was sagt dir dein Körper?

Klar, dein Körper kann nicht mit dir sprechen. Aber er kann dir trotzdem alles Mögliche mitteilen. Dazu sendet er dir Signale. Hunger oder Schmerz sind zum Beispiel Körpersignale, die jeder kennt und die leicht zu spüren sind. Aber es gibt noch ganz viele andere Zeichen, durch die dein Körper dir etwas mitteilt.

Schließ mal die Augen und denk an eine Situation, in der du wütend warst. Weißt du noch, wie sich dein Körper da angefühlt hat? Wenn du auf deine Körpersignale achtest, während du wütend bist, hat dein Gehirn Zeit, die Gehirnpolizei zu holen. Die guckt dann, ob tatsächlich Gefahr besteht oder nicht. Und wenn alles in Ordnung ist, schaltet sie die innere Alarmanlage aus.

Verwende als Nächstes die Wörter unten und auch deine eigenen Wörter, um die Wut-Signale deines Körpers zu beschreiben. Schreib die Wörter dann an die Stelle in der Zeichnung, an der du sie spürst. Du kannst auch Farben, Formen oder andere Dinge malen, um zu zeigen, wie die Wut sich für dich anfühlt.

WÖRTER, DIE KÖRPERSIGNALE BESCHREIBEN

- Anspannung
- Atmen ist schwer
- Bauchweh
- Druckgefühl
- Herzklopfen
- Kloß im Hals
- Kribbeln
- Schnelle Atmung
- Schwindel
- Schwitzen
- Taubheitsgefühl
- Trockener Mund
- Übelkeit
- Zähneknirschen
- Zittern

DAS MACHT DIE WUT MIT DIR

Wenn man wütend ist, verliert man die Kontrolle über sich. Man kann nicht mehr klar denken, und der Körper macht, was er will.
Man sagt auch Dinge, ohne nachzudenken.

Manchmal hat man den unbändigen Drang, sich auf den Boden zu schmeißen, zu treten, zu schubsen, zu schimpfen, zu schreien oder zu einem Menschen zu sagen, dass man ihn hasst, obwohl man ihn liebt.

Je stärker die Wut ist, desto heftiger werden auch unsere Gedanken. In dem Moment merkt man gar nicht richtig, was eigentlich mit einem passiert. Oft sagt man schlimme Sachen und tut anderen damit sehr weh. Das kann dazu führen, dass die Freunde Angst bekommen und nicht mehr mit einem spielen wollen oder dass man Ärger in der Schule kriegt.

Jetzt gerade bist du ganz ruhig. Das ist ein guter Moment, um darüber nachzudenken, wie du dich verhältst, wenn du zornig bist, und was die Wut dann mit dir macht. Überleg dir, wie deine Wut und deine Worte auf andere wirken können. Das ist schon der erste wichtige Schritt auf deinem Weg, um die Wut in den Griff zu kriegen.

Was passiert im Gehirn und im Körper, wenn man wütend ist?

Wenn man wütend ist, sprudelt man nur so vor Energie. Es fühlt sich an, als würde die Wut schreien: »Los, mach was!« Und auch dein Körper bereitet sich darauf vor, gleich aktiv zu werden. Deine Muskeln spannen sich an, dein Herz schlägt schneller und dein Bauch fühlt sich fest an. Hast du das auch schon mal bemerkt?

FREMDWÖRTER LEICHT ERKLÄRT

Amygdala: Das ist die Gefühlsalarmanlage deines Körpers. Sie lässt deinen Körper zum Beispiel bei Gefahr kämpfen, fliehen oder in eine Starre verfallen.

Präfrontaler Cortex (PFC): unsere Gehirnpolizei. Der PFC beruhigt die Amygdala, indem er prüft, welche Gefühle man hat und welche Auswirkungen unsere Taten haben können.

Adrenalin: ein Stoff in deinem Körper, der dir jede Menge Energie schenkt, um blitzschnell zu reagieren.

Bei starken Gefühlen wie Wut schlägt die Amygdala Alarm. Dadurch wird Adrenalin durch den ganzen Körper gepumpt und man will sofort irgendetwas tun. Der PFC kommt zur Hilfe, untersucht die Gefühle und Körpersignale und schaltet die Alarmanlage aus, wenn alles in Ordnung ist.

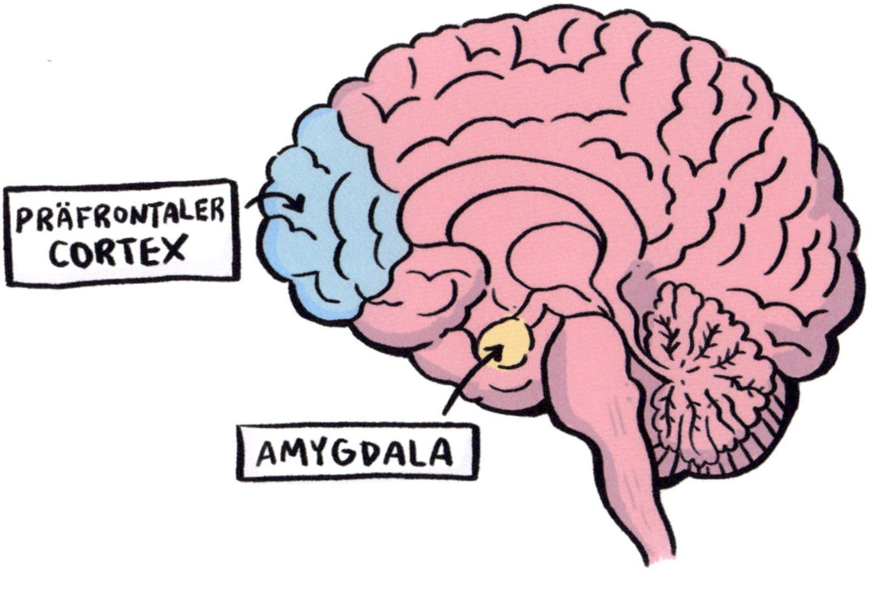

Was passiert im Gehirn und im Körper, wenn man wütend ist?, *Fortsetzung*

Was sagt deine Amygdala zu dir, wenn du wütend bist?

Beispiel: »Los, mach das Lego-Haus von deinem Bruder kaputt!«

Was sagt dein präfrontaler Cortex zur Amygdala, um sie zu beruhigen?

Beispiel: »Wow, du bist ja richtig wütend. Das weiß ich, weil dein Gesicht rot ist wie eine Tomate und dein Körper vor Energie nur so sprudelt.«

Wir erforschen deine Wut

Jetzt wissen wir, warum die Wut einen dazu bringt, bestimmte Sachen zu tun. Zum Beispiel laut mit den Türen zu knallen. Lass uns erforschen, welche Dinge das bei dir sein können. Am besten jetzt, während du ganz ruhig bist.

Guck dir bitte die Liste unten an und überleg, was bei dir am häufigsten vorkommt. Trag dann deine Top fünf in die Zeilen unten ein und schreib auf, in welcher Situation dir das passiert ist.

WENN ICH WÜTEND BIN, WÜRDE ICH AM LIEBSTEN ...

- andere ignorieren (so tun, als wären sie gar nicht da)
- ausrasten (schreien, schlagen, spucken)
- etwas Unkontrolliertes tun (mich schreiend und tretend auf den Boden werfen)
- etwas zerstören (Spielzeug oder Möbel kaputt machen)
- jemandem drohen (»Dann bin ich nicht mehr dein Freund/deine Freundin!«)
- jemanden bestrafen (nicht zurückschreiben, nicht zurückrufen, nicht zum Geburtstag einladen)
- jemanden mobben (hänseln, beschimpfen, Gerüchte verbreiten)
- mich ganz schnell bewegen (loslaufen oder in etwas hineinrennen)
- mich rächen (jemandem wehtun, der mir wehgetan hat)
- mit den Türen knallen
- Schimpfwörter sagen
- schlimme Sachen sagen, die die Gefühle anderer verletzen

Beispiel: Ich würde am liebsten *laut schreien, wenn Mama sagt, dass ich meine Spielkonsole weglegen soll.*

Ich würde am liebsten --

wenn --.

Ich würde am liebsten --

wenn --.

Wir erforschen deine Wut, *Fortsetzung*

Ich würde am liebsten ____

wenn ____.

Ich würde am liebsten ____

wenn ____.

Ich würde am liebsten ____

wenn ____.

Ich würde am liebsten ____

wenn ____.

Die Folgen deiner Wut

Was du aus deiner Wut heraus tust oder sagst, kann große Folgen haben. Es kann passieren, dass sich Leute dir gegenüber anders verhalten oder dich anders behandeln. Vielleicht wirst du auch bestraft, indem dir Dinge weggenommen werden oder dir irgendetwas verboten wird. Auf der nächsten Seite findest du ein paar mögliche Auswirkungen deiner Wut.

Nenne einen Ort, an dem du wütend warst: ___________________________________

____

Was hast du getan, als du wütend warst? ___________________________________

____

Welche Auswirkungen hat es gehabt (ich wurde bestraft, andere wurden wütend oder traurig)?

____

Auf wen warst du schon mal wütend? ___________________________________

Warum warst du auf ihn oder sie wütend? ___________________________________

____

Welche Folgen hat dein Wutausbruch gehabt? ___________________________________

____

BEISPIELE FÜR DIE FOLGEN VON WUT

- Andere bekommen Angst vor mir.
- Andere fühlen sich in meiner Gegenwart unwohl.
- Andere sind wütend auf mich oder beleidigt.
- Andere vertrauen mir nicht mehr.
- Ich bekomme Ärger in der Schule.
- Ich werde bestraft (Dinge werden mir weggenommen, zum Beispiel Computerspiele oder das Handy).
- Mir wird verboten, an bestimmte Orte zu gehen, die ich mag.

BEREITE DICH AUF DIE WUT VOR

Wir bereiten uns auf alles Mögliche vor. Weil wir uns verletzen könnten, haben wir immer Pflaster zu Hause. Und wenn Regen angesagt ist, nehmen wir einen Schirm mit. Aber kann man sich auch auf einen Wutanfall vorbereiten? Ja, das geht! Allerdings musst du vorher genau wissen, wie deine Wut funktioniert. Frag dich deshalb, *wer* dich oft wütend macht, *was* dich an die Decke gehen lässt und *wann*, *wo* und *warum* du Wutanfälle bekommst.

Wer macht dich wütend? Mit manchen Menschen kommt man besser aus als mit anderen. Manche können vielleicht nicht gut teilen oder nicht richtig zuhören oder lassen dich nicht mitspielen. Überleg mal, mit wem du nicht so gut auskommst, damit du vorbereitet bist und dich beim nächsten Mal nicht so über die Personen ärgerst.

Was macht dich wütend? Worüber man sich ärgert, ist bei jedem unterschiedlich. Manche werden wütend, wenn etwas Unerwartetes passiert oder wenn sie im Laden kein Eis bekommen. Andere reagieren zornig, wenn man sie beleidigt oder kränkt. Wenn man aber weiß, was einen wütend macht, kann man sich darauf vorbereiten und dann cooler mit der Situation umgehen.

Um Wut besser zu verstehen, sollte man die Auslöser kennen. Diese hier kennt zum Beispiel jeder:

- Es wird einem etwas weggenommen.
- Freunde oder die Familie werden unfreundlich oder ungerecht behandelt.
- Jemand kommt einem zu nah.
- Man fühlt sich bedroht.
- Man sieht, wie Regeln gebrochen werden.
- Man wird gekränkt oder beleidigt.
- Man wird daran gehindert, das zu tun, was man will.

Wenn du die Auslöser für deine Wut kennst, hilft das deiner Gehirnpolizei PFC herauszufinden, warum du wütend bist.

Wann wirst du wütend? Es gibt Situationen, in denen man eher genervt oder wütend reagiert als sonst. Viele fühlen schneller Wut in sich aufsteigen, wenn sie hungrig, müde oder gelangweilt sind. Auch bei Veränderungen reagiert man schneller wütend. Zum Beispiel, wenn man aus dem Urlaub zurückkommt oder wenn ein Freund/eine Freundin nach dem Spielen wieder nach Hause fährt.

Wo wirst du wütend? Die Wut kann überall zuschlagen, aber an bestimmten Orten ist es wahrscheinlicher. Bei dir könnte das zum Beispiel beim Zahnarzt oder in der Schule sein – vielleicht in der Mathestunde?

Warum wirst du wütend? Wie wir gerade gesehen haben, kann Wut aus vielen Gründen entstehen. Sie kann zum Beispiel kommen, weil du dich ungerecht behandelt fühlst oder weil du nicht bekommst, was du willst.

Es geht jetzt darum, herauszufinden, wie deine Wut tickt, und alle W-Fragen rund um deine Wut zu beantworten. Dann kannst du dich nämlich vorbereiten und dir in der Situation besser selbst helfen. Zum Beispiel, indem du etwas machst, was dich beruhigt. Du kannst auch einen Erwachsenen um Hilfe bitten.

Wo und wann kommt die Wut?

Wut kann sich langsam anschleichen oder ganz plötzlich da sein – an allen möglichen Orten. Wenn die Wut uns überrascht, ist es aber viel schwieriger, sich zu beruhigen.

Deshalb ist es eine gute Idee, an Situationen zurückzudenken, in denen du schon mal wütend warst. Dann bist du automatisch besser vorbereitet, wenn du das nächste Mal in eine ähnliche Situation kommst.

ORTE, AN DENEN DIE WUT KOMMT

Hier findest du eine Liste mit Orten, an denen dich die Wut packen kann. Denk bitte über jeden einzelnen Ort nach, frag dich, ob du dort schon einmal wütend warst, und schreib etwas darüber. Du kannst zum Beispiel aufschreiben, welche wütenden Gedanken du an diesem Ort hattest oder was dich dort wütend gemacht hat.

IM AUTO

IN DER SCHULE

ZU HAUSE

Wo und wann kommt die Wut?, *Fortsetzung*

AUF DEM SPIELPLATZ

BEIM EINKAUFEN

SITUATIONEN, IN DENEN DIE WUT KOMMT

Hier findest du ein paar Situationen, in denen das Wutmonster auftauchen kann. Schreib bitte auf, wie sich die Wut zeigt und was die Folgen sind.

Wie zeigt sich die Wut, während du Hausaufgaben machst?

Was sind die Folgen?

Wie zeigt sich die Wut, wenn du mit Freunden/Freundinnen spielst?

Wie reagieren deine Freunde und Freundinnen? ________________________________

____

Wie zeigt sich die Wut, wenn du ins Bett musst? ________________________________

____

Welche Auswirkungen hat das auf deinen Schlaf oder deine Energie am nächsten Morgen? ____

____

Wirst du manchmal wütend, wenn deine Eltern Nein sagen? ________________________

____

Was passiert, wenn du das Nein nicht akzeptieren willst? ________________________

____

Notiere ein oder zwei Wut-Situationen und schreib auf, welche Folgen das für dich und andere hatte.

____

____

Das Wut-Thermometer

Kennst du das auch? Du bist ganz entspannt und cool, doch dann passiert irgendetwas und du rastest aus. Totale Eskalation.

Manchmal schleichen sich starke Gefühle wie Wut unbemerkt an und kochen dann ratzfatz hoch – wie ein Topf mit Wasser, der überkocht. Alles geht so blitzschnell, dass man die einzelnen Schritte gar nicht mitbekommt. Und dann wird es natürlich schwer, sich wieder zu beruhigen.

Diese Übung hilft dir zu erkennen, was bei dir Wut auslöst und wie dein Körper reagiert.

ICH BIN GEREIZT

Erinnere dich bitte an eine Situation, in der du auf irgendetwas gereizt reagiert hast. Denk dabei auch an die Orte und Situationen, die du dir in diesem Kapitel in Übung 1 überlegt hast. Schreib dann drei Beispiele von Menschen oder Erlebnissen auf, die dich geärgert haben und auf die du gereizt reagiert hast.

Wie erkennst du, dass du gereizt bist? Welche Signale sendet dir dein Körper, um dir zu zeigen, dass dich etwas stört? Überleg dir dann, welche Hinweise (Körpersignale oder Gedanken, die dir aufgefallen sind) du für die Wut-Stufen 1, 2 und 3 auf dem Thermometer findest, und schreib sie auf.

BEISPIEL

Stufe 1: Ich sitze im Auto, wir stehen im Stau.
Stufe 2: Mein kleiner Bruder unterbricht mich.
Stufe 3: Mama sagt, ich kriege keine Kekse mehr.

Hinweis 1: Die Beine fangen an zu wippen.
Hinweis 2: Ich fange an zu schmollen.
Hinweis 3: Meine Stirn zieht sich in Falten.

Stufe 1: ____________________ **Hinweis 1:** ____________________

Stufe 2: ____________________ **Hinweis 2:** ____________________

Stufe 3: ____________________ **Hinweis 3:** ____________________

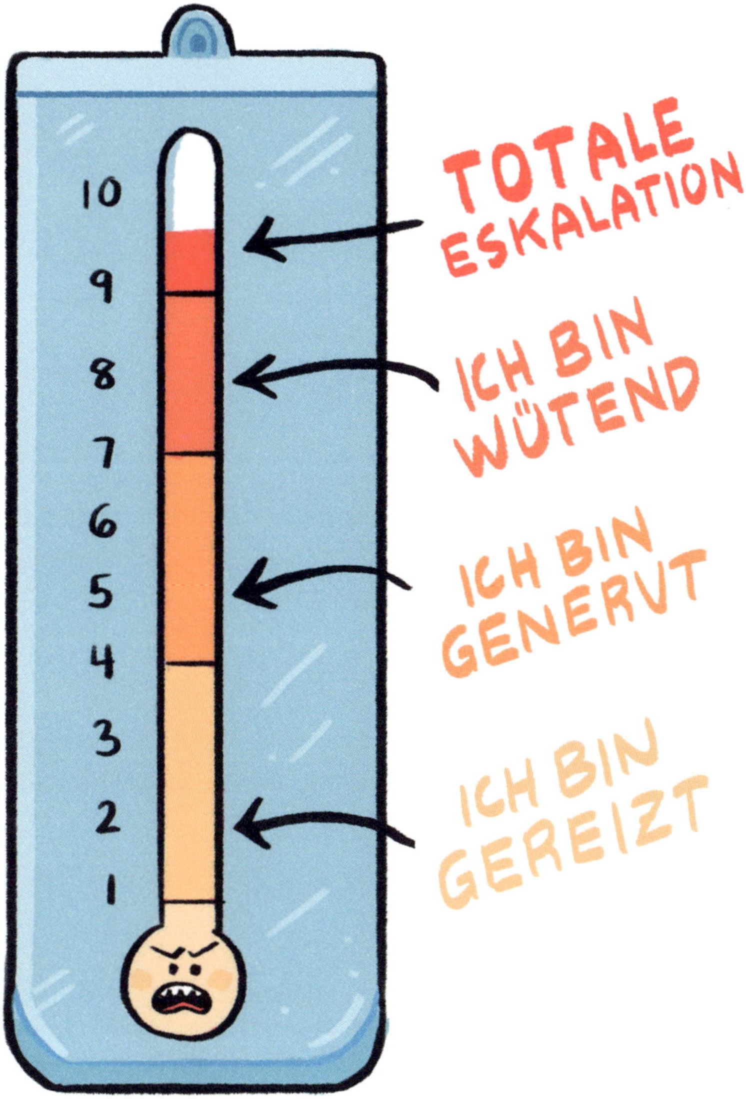
10
9
8
7
6
5
4
3
2
1
TOTALE ESKALATION
ICH BIN WÜTEND
ICH BIN GENERVT
ICH BIN GEREIZT

Das Wut-Thermometer, *Fortsetzung*

ICH BIN GENERVT

Was passiert, wenn du richtig genervt bist? Überleg dir bitte drei Situationen, in denen du genervt warst, und schreib sie auf. Versuch auch, dich an die Hinweise zu erinnern, die dein Körper dir in diesen Situationen gegeben hat. Hast du vielleicht lauter gesprochen oder das Gesicht verzogen?

Stufe 4: _ **Hinweis 4:** _

Stufe 5: _ **Hinweis 5:** _

Stufe 6: _ **Hinweis 6:** _

ICH BIN WÜTEND

Woran erkennst du, dass du wütend bist? Erinnere dich an eine Situation: Hast du vielleicht laut geschrien? Wolltest du am liebsten gegen irgendetwas treten? Hast du geweint?

Stufe 7: _ **Hinweis 7:** _

Stufe 8: _ **Hinweis 8:** _

TOTALE ESKALATION

Wenn du eine Comicfigur wärst, würden dir jetzt Qualmwolken aus den Ohren steigen oder Blitze aus dem Kopf schießen. Erinnere dich bitte an zwei Situationen, in denen du am allerwütendsten warst. Was hast du da gesagt oder gemacht? Weißt du noch, wie sich dein Körper angefühlt hat?

Stufe 9: ______________________________ **Hinweis 9:** ______________________________

Stufe 10: ______________________________ **Hinweis 10:** ______________________________

Wenn du die Anzeichen deiner Wut erkennst, bevor das Thermometer in den roten Bereich steigt, kannst du eingreifen und versuchen, die Wut in Schach zu halten.

Jeder wird mal wütend

Wut ist ein ganz natürliches Gefühl, das jeder kennt. Schon die allerersten Menschen wurden wütend, und das hatte auch seinen Sinn. Wenn zum Beispiel ihre Kinder oder ein anderer geliebter Mensch bedroht wurde, half die Wut, einzugreifen und sie zu beschützen.

Wut versetzte die Menschen auch dann in Alarmbereitschaft, wenn Gefahr bestand, dass sie verletzt wurden.

Die Zeiten, in denen wir uns vor wilden Tieren wie Tigern oder Bären in Acht nehmen mussten, sind aber lange vorbei. Heute müssen wir in Situationen, die uns wütend machen, nicht mehr kämpfen. Heute ist es wichtig, erst darüber nachzudenken, was man tut und welche Folgen das haben kann.

Lass uns noch einmal genauer erforschen, welche Situationen uns alle manchmal wütend machen. Schreib bitte neben jedes Beispiel, was dir selbst passiert ist.

ICH FÜHLE MICH BEDROHT

Ich habe mich bedroht gefühlt, als ____

____.

ICH WERDE DARAN GEHINDERT, ZU TUN, WAS ICH WILL

Wann ist dir das schon mal passiert? ____

____

MIR WIRD ETWAS WEGGENOMMEN

Wer hat dir etwas weggenommen? Und was war es? ______________________________

____

ICH WERDE GEKRÄNKT ODER BELEIDIGT

Womit hat man dich beleidigt? ____

JEMAND KOMMT MIR ZU NAHE

Wer ist dir zu nahe gekommen und wie? ____

FREUNDE ODER FAMILIENMITGLIEDER WERDEN UNFREUNDLICH BEHANDELT

Wann war jemand unfreundlich zu einem Freund oder einem Familienmitglied? ____________

____

ICH SEHE, WIE JEMAND DIE REGELN BRICHT

Jemand hat eine Regel gebrochen, als ____

____.

Ist dir etwas über dich klar geworden, als du über deine Wut nachgedacht hast?

____

____

Wut kann dabei helfen, sich selbst besser zu verstehen. Wie fühlt sich das für dich an? ______

____

WAS KOMMT NACH DER WUT?

Wut erzeugt in deinem Körper jede Menge Energie. Du kannst sie dir wie einen Wirbelsturm oder ein Erdbeben vorstellen, das dich ordentlich durchschüttelt und nur Chaos hinterlässt. Wenn man wütend ist, fühlt man oft den unbändigen Drang, irgendetwas Heftiges zu tun, zum Beispiel zu treten, zu schubsen oder zu schreien. Nachdem man sich abreagiert hat, entstehen neue Gefühle. Manche Menschen sind nach der Wut müde oder sie haben wacklige Knie. Man kann aber auch traurig, verunsichert oder erleichtert sein. Oder man fühlt sich schuldig, weil man etwas gesagt oder getan hat.

Wut wirkt sich aber auch auf die Gefühle anderer Menschen aus. Sie sind vielleicht verwirrt, weil sie nicht ganz verstehen, warum du gerade so wütend warst. Oder sie sind traurig, weil du sie durch das, was du gesagt hast, verletzt hast. Wenn deine Eltern deinen Wutausbruch miterlebt haben, machen sie sich vielleicht Sorgen um dich. Oder sie sind sauer, weil du etwas kaputt gemacht oder etwas Gemeines gesagt hast.

Es ist wirklich wichtig, darüber nachzudenken, welche Auswirkungen deine Wut auf dich und auf die Menschen hat, die du liebst. Eins darfst du dabei aber nie vergessen! Es geht nicht darum, dir selbst Vorwürfe zu machen oder dich schuldig zu fühlen. Es geht darum, dass du dich selbst besser verstehst, damit du beim nächsten Mal vielleicht anders reagieren kannst, wenn die Wut in dir aufsteigt. Sei also nett und freundlich zu dir selbst!

In den nächsten Übungen überlegst du dir erst einmal Situationen, in denen du richtig wütend warst. Dann finden wir gemeinsam heraus, wie du dich gefühlt hast und was du im Körper gespürt hast, nachdem die Wut wieder weg war. Außerdem versuchen wir, uns in die anderen Menschen hineinzuversetzen und herauszufinden, welche Gefühle sie haben, wenn du wütend bist.

Und warum das alles? Ganz einfach: Wenn man merkt, dass andere Menschen, die gar nichts dafürkönnen, unter der eigenen Wut leiden, will man natürlich etwas ändern. Schließlich möchte man nicht, dass sich die Menschen, die man liebt, schlecht fühlen.

Wenn du dich selbst verstehst und deiner Wut freundlich und verständnisvoll begegnest, wirst nicht nur du selbst dich sicherer und geborgener fühlen. Auch die Menschen, die du magst, werden sich besser fühlen und dir gerne ihre Hilfe anbieten.

Nach der Wut: Körper

Jetzt gucken wir uns an, welche Signale dein Körper dir sendet, nachdem sich der Wirbelsturm in deinem Körper gelegt hat. Es ist sehr hilfreich, diese Signale zu kennen. Dann schaffst du es nämlich vielleicht beim nächsten Mal, den Sturm an dir vorbeiziehen zu lassen, ohne von ihm durchgeschüttelt zu werden.

Schließ bitte deine Augen und denk an eine Situation, in der du sehr wütend warst. Was hast du gemacht? Hast du geschrien, geschlagen oder etwas kaputt gemacht? Und jetzt versuch dich zu erinnern, wie sich dein Körper angefühlt hat, als die Wut wieder weg war. Warst du müde, hast du gezittert oder dich wie betäubt gefühlt?

Schreib bitte auf die leeren Zeilen unten, was du gefühlt hast, nachdem die Wut sich gelegt hatte. Such dir dazu etwas aus der Liste aus oder finde eigene Wörter dafür. Mal dein Gefühl dann in das freie Feld.

WÖRTER FÜR KÖRPEREMPFINDUNGEN

- Bauchweh
- wie betäubt
- heiß/kalt
- kribbelig
- müde
- rastlos
- schnelle/langsame Atmung
- zittrig
- ___________
- ___________
- ___________

Mal jetzt bitte noch ein Bild, in dem du zeigst, wonach du dich nach einem Wutanfall sehnst. Such dir Wörter aus der Liste aus oder finde eigene.

WAS WILLST DU NACH DER WUT?

- allein sein
- ein Bad nehmen
- eine Umarmung
- einen Film gucken
- mit jemandem reden
- weinen
- ________________
- ________________
- ________________

Nach der Wut: Körper, *Fortsetzung*

Mal zum Schluss bitte ein Bild von dem, wonach du dich nach der Wut sehnst.

Nach der Wut: Gefühle und Gedanken

Bestimmt hast du schon mal gehört, dass die Erde kurz nach einem Erdbeben oft noch ein zweites Mal wackelt. Man nennt das ein Nachbeben. So ähnlich ist es auch bei deiner Wut. Nach der totalen Eskalation schwappt eine neue Welle der Gefühle auf dich zu. Wenn du etwas kaputt gemacht hast, schämst du dich wahrscheinlich. Wenn du jemanden angeschrien hast, tut es dir danach vermutlich leid. Auch Zweifel an dir selbst und negative Gedanken können ein Nachbeben deiner Wut sein. Vielleicht fühlst du dich hilflos und fragst dich: »Was soll ich nur tun?« Oder du fühlst dich schuldig und denkst: »Ich bin kein guter Mensch.«

Damit du in Zukunft anders auf die Wut reagieren kannst, solltest du auch die Gefühle und Gedanken kennen, die nach der Wut kommen.

Unten findest du einige Gefühle, die du vielleicht nach der Wut hast:

- **Angst:** »Ich hoffe, Mama und Papa sind jetzt nicht sauer.«
- **Erleichterung:** »Puh, bin ich froh, dass das vorbei ist!«
- **Hilflosigkeit:** »Ich weiß nicht, was ich tun soll, wenn ich wütend bin.«
- **Schuldgefühl:** »Ich bin ein schlechter Mensch.«
- **Reue:** »Es tut mir so leid, was ich gesagt habe.«
- **Scham:** »Ich wünschte, die anderen hätten mich so nicht gesehen!«

Kreise die Gefühle ein, die du schon mal hattest. Vielleicht fallen dir ja noch andere Dinge ein, die das Nachbeben in dir ausgelöst hat. Notiere sie einfach auf den folgenden Zeilen.

Nach der Wut: Folgen für andere

Alles, was wir tun und sagen, hat Auswirkungen auf die Menschen um uns herum – ja sogar auf unsere Haustiere. Hast du ein Haustier? Dann hast du bestimmt schon mal gemerkt, wie sich das Tier verhält, wenn im Haus jemand wütend ist. Hunde bellen mehr als sonst, Katzen verstecken sich.

Wut ist ein Gefühl mit richtig viel Energie. Deshalb haben manche Menschen Angst davor, dass etwas Schlimmes passieren könnte, wenn die Wut außer Kontrolle gerät. Wenn wir miterleben, wie ein anderer Mensch sehr wütend wird, setzt sich das stärker in unserem Gedächtnis fest als andere Situationen. Das liegt daran, dass unser Gehirn alle Momente, Menschen oder Orte abspeichert, die gefährlich sein könnten. Denn so können wir ihnen künftig aus dem Weg gehen oder lernen, wie wir mit ihnen umgehen.

Kannst du dich an eine Situation erinnern, in der jemand in deiner Nähe sehr wütend war? Mal bitte ein Bild davon, was damals passiert ist.

Wie hat sich dein Körper angefühlt? ___________

____

Was hast du über die Person gedacht? ___________

____

Was hättest du in der Situation am liebsten getan? Wie würdest du reagieren, wenn dir das noch mal passiert?

____

____

Bitte einen Erwachsenen, der dir nahesteht, von einer Situation zu erzählen, in der du sehr wütend warst. Es ist nicht angenehm, so etwas zu hören. Aber es wird dir helfen, die Auswirkungen deiner Wut zu verstehen und anders mit deiner Wut umzugehen.

MÖGLICHE FRAGEN AN DEN ERWACHSENEN

Wie hast du dich gefühlt, als ich wütend geworden bin? ___________

____

Was hättest du am liebsten getan, als du gesehen hast, wie wütend ich war? ___________

____

WAS KÖNNTE NOCH HINTER DEINER WUT STECKEN?

Gefühle sind unterschiedlich stark. So wie du Musik laut oder leise stellen kannst, können auch Gefühle laut und leise sein. Wenn man sich seine Gefühle mal etwas genauer ansieht, merkt man, dass man auch viele Gefühle gleichzeitig haben kann. Das ist auf den ersten Blick vielleicht verwirrend, doch wenn du dir jedes Gefühl einzeln anguckst, gibt dir das gleich mehr Kontrolle über die Situation. Du kannst dann etwas tun, um dich selbst zu beruhigen.

Wut ist ein sehr lautes Gefühl, das leisere Gefühle oft übertönt. Deshalb spürt man manchmal nur noch die Wut und nicht mehr die leisen Gefühle, die vielleicht sogar schon vor der Wut da waren. Stell dir zum Beispiel vor, es ist dein erster Schultag und du hast ein bisschen Angst davor. Du hast aber keine Wahl und musst auf jeden Fall hingehen. Dann kann sich deine Sorge, keine Freunde zu finden oder keinen netten Lehrer zu haben, schnell in Wut verwandeln. Oder stell dir vor, ein guter Freund zieht in eine andere Stadt. Eigentlich bist du traurig, weil du ihn jetzt nicht mehr so oft sehen kannst. Doch urplötzlich wirst du sehr wütend und schreist dem Freund hinterher: »Du bist gemein!«, als er wegfährt.

Leise Gefühle wie Sorge oder Traurigkeit können also leicht übersehen werden. Sie fangen häufig als komisches Gefühl im Bauch oder als Herzklopfen an. Manchmal hat man auch den Drang zu weinen oder würde gerne in den Arm genommen werden.

Es ist gut, diese leisen Gefühle zu erkennen, bevor sie von lauteren Gefühlen übertönt werden. Denn dann kannst du dich fragen, was du gerade brauchst, und kannst dir mit Verständnis und Freundlichkeit selbst helfen. Und die Wut entsteht erst gar nicht.

Durch die folgenden Übungen lernst du, die leisen Gefühle zu erkennen, die oft vor oder zusammen mit der Wut kommen.

Ängste erkennen

Ängstlich oder besorgt ist man oft dann, wenn etwas Neues bevorsteht oder wenn einem etwas Wichtiges weggenommen werden könnte. Zum Beispiel, wenn sich Menschen um uns herum streiten oder wenn man neue Kinder kennenlernt. Bei Angst schlägt das Herz schneller und man wünscht sich liebe Menschen in der Nähe, die einem Geborgenheit schenken. Angst kann einen auch dazu bringen, dass man lieber zu Hause bleibt. Dabei könnte man auch rausgehen und dort Dinge tun, die einen vielleicht mutiger und selbstbewusster machen. Wenn du weißt, was dir Angst macht, kannst du mit Menschen, die dir nahestehen, darüber reden und sie um Hilfe bitten.

Schließ jetzt bitte die Augen und frag dich: »Wann habe ich Angst?« Wenn dir Situationen einfallen, in denen du ängstlich warst, schreib sie bitte unten auf.

Wann habe ich Angst? --

Was macht mir Sorgen? --

Schließ bitte noch mal die Augen und versuch, dich an einen Moment zu erinnern, in dem du ängstlich warst. Wie hat sich die Angst angefühlt? Schreib dann auf, was du wo im Körper gespürt hast.

Wie fühlen sich dein Kopf, Gesicht und Nacken an? ------------------------------

Was spürst du in der Brust, in den Händen und im Bauch? ------------------------

Wie fühlen sich deine Beine und Füße an? ----------------------------------

----

Mal bitte in das Bild, wie sich die Angst in deinem Körper anfühlt. Du kannst die Gefühle mit Formen und Farben darstellen.

Traurigkeit erkennen

Man kann aus vielen Gründen traurig sein. Zum Beispiel, wenn ein schöner Ausflug zu Ende geht, wenn man von jemandem beleidigt wird, wenn man etwas verliert, das einem sehr am Herzen liegt, oder wenn man jemanden vermisst, der weit weg ist. Oft muss man weinen, wenn man traurig ist. Manchmal unterdrückt man aber auch seine Tränen, weil man sie vor anderen Menschen nicht zeigen will. Und dann kann sich die Traurigkeit in Wut verwandeln. Es ist aber ganz in Ordnung, zu weinen und Traurigkeit zu zeigen.

Lass uns nun herausfinden, wie die Traurigkeit tickt, damit wir sie beim nächsten Mal sofort erkennen.

Wie sieht Traurigkeit für dich aus?

Mal dann ein Bild von dir, wenn du traurig bist.

Beschreib eine Situation, die dich vor Kurzem traurig gemacht hat.

Was hast du gemacht, als du traurig warst?

Welche Signale hat dir dein Körper geschickt, als du traurig warst?

Enttäuschung erkennen

Enttäuschungen kennt jeder, weil es so viele Dinge gibt, die man nicht kontrollieren kann. Pläne können sich ändern, Menschen können ihre Meinung ändern, und manchmal läuft alles anders, als man es sich wünscht. Enttäuscht kann man zum Beispiel sein, weil man sich im Stich gelassen fühlt, weil eine Freundin ihren Besuch abgesagt hat oder weil man nicht das Geschenk bekommt, das man sich gewünscht hat.

Wenn du das Gefühl der Enttäuschung zulässt, schwappt es einmal durch dich hindurch wie eine Welle. Nachdem die Welle verschwunden ist, solltest du am besten an etwas Schönes denken, auf das du dich sehr freust.

Mal bitte ein Bild von einer Situation, in der du enttäuscht warst.

Wie fühlt sich Enttäuschung in deinem Körper an?

Welche Gefühle hattest du außer der Enttäuschung noch?

ZWEITER TEIL

Was passiert, wenn du wütend bist?

Das lernst du im zweiten Teil

Wut ist ein bisschen wie Treibsand. Wenn du in sie hineingerätst, kommst du nur schwer wieder heraus.

Die Welt ist groß, und es gibt viele Situationen und Menschen um dich herum, die dich wütend machen können. Jeder von uns möchte glücklich sein und so gut wie möglich mit allen auskommen. Doch manchmal willst du einfach etwas anderes als zum Beispiel deine Eltern, und schon bist du gereizt, genervt oder wütend.

Im ersten Teil hast du dir überlegt, wie sich Wut anfühlt und wann sie entsteht. Im zweiten Teil nehmen wir genauer unter die Lupe, welche Ursachen Wut haben kann, was man tut, wenn man wütend ist, und welche Auswirkungen das haben kann. Du wirst sehen, dass Wut auch durch innere Gefühle wie Hunger oder Müdigkeit ausgelöst werden kann. Außerdem erforschen wir, welche äußeren Einflüsse dich wütend machen können. Zum Beispiel, wenn jemand bei einem Spiel schummelt oder wenn man nach Hause muss, obwohl man gerade so schön spielt. Wir überlegen gemeinsam, wie sich deine Wut auf andere auswirkt und wieso du wegen der Wut manchmal nicht bekommst, was du willst.

Du wirst in deinem Leben immer wieder auf Stellen mit Treibsand stoßen. Aber du kannst lernen, sie rechtzeitig zu erkennen und zu umgehen, damit du nicht darin versinkst.

WAS MACHT DICH WÜTEND?

Schlägt die Wut wirklich immer dann zu, wenn man es am wenigsten erwartet? Fragst du dich manchmal, warum manche Menschen besonders schnell wütend werden?

Jeder Mensch regt sich über andere Dinge auf. Leider können wir nicht bestimmen, was andere sagen oder tun. Es gibt Menschen, die lieb und einfühlsam sind, aber manche sind auch unfreundlich und unsensibel. Außerdem muss man ab und zu an Orte gehen, die man nicht mag, zum Beispiel zum Zahnarzt oder zum Supermarkt. Allein der Gedanke daran macht manche schon wütend.

Wenn man aber lernt, welche Dinge einen gereizt, genervt oder wütend machen, kann man bestimmte Tricks anwenden, um mit der Situation besser umzugehen.

Manchmal liegt die Ursache für Wut in unserem Inneren. Unser Körper zeigt uns über bestimmte Signale, dass er irgendetwas braucht oder etwas nicht in Ordnung ist. Wenn wir zum Beispiel schlechte Laune bekommen, kann das ein Zeichen dafür sein, dass wir hungrig oder müde sind. Wir brauchen nur etwas zu essen oder ein wenig zu schlafen, und schon fühlen wir uns wieder zufrieden und ausgeglichen.

Oft wird Wut aber auch durch äußere Einflüsse ausgelöst. Gerade beim Spielen kann eine Menge passieren, das kennst du bestimmt. Manche können einfach nicht verlieren und schummeln dann vielleicht beim Spielen. Das macht die ehrlichen Spieler wütend, weil sie sich betrogen fühlen.

Die Wut kann einen auch packen, weil man sich in einer Situation gefangen fühlt und ihr nicht entkommen kann. Das passiert manchmal in der Schule, wenn man ein bestimmtes Unterrichtsfach nicht mag und am liebsten einfach verschwinden würde. Aber das geht natürlich nicht, und dann kocht schnell die Wut hoch.

Es ist daher wichtig, dass du die Ursachen für deine Wut kennst, damit du dich darauf vorbereiten kannst und dann in der Wut geduldiger und netter zu dir selbst und anderen sein kannst.

Wut hat übrigens nicht nur verschiedene Lautstärken. Sie ist auch unterschiedlich schnell und stark. Du kannst es ein bisschen mit einem scharfen Gewürz vergleichen. Manchmal spürt man die Schärfe nur ganz kurz, oft brennt sie aber auch im ganzen Mund und scheint gar nicht mehr wegzugehen – auch dann nicht, wenn man etwas trinkt.

In der nächsten Übung lernst du, welche Menschen oder Ereignisse in dir eine starke oder eher schwache Wut auslösen. Das wird dir helfen, dich besser auf schwierige Situationen vorzubereiten.

Innere Ursachen

Kennst du das auch? Wenn du dich körperlich nicht so fit fühlst, wirst du schneller wütend. Mit der Wut zeigt dir dein Körper, dass etwas nicht in Ordnung ist und du irgendetwas tun solltest, damit es ihm besser geht.

Es ist zum Beispiel sehr schwierig, einen kühlen Kopf zu bewahren, wenn man hungrig, müde, gelangweilt, krank oder einsam ist. Wenn du die Signale deines Körpers also früh erkennst und sofort reagierst, kannst du verhindern, dass die Wut außer Kontrolle gerät.

Such dir bitte eines der folgenden Gefühle aus: hungrig, müde, gelangweilt, krank, einsam. Mal dann ein Bild, wie sich dieses Gefühl in deinem Körper anfühlt. Schreib anschließend in die Sprechblase, was dieses Gefühl sagen würde, wenn es sprechen könnte.

Schließ jetzt bitte deine Augen und denk an eine Situation, in der du dich so gefühlt hast wie in deiner Zeichnung. Schreib auf, was passiert ist.

Langeweile ist auch ein unangenehmes Gefühl. Überleg mal, was man dagegen tun kann.

Ich langweile mich, wenn ____

____.

Was könnte ich gegen die Langeweile tun? ____

____

____

____

Innere Ursachen, *Fortsetzung*

Ich fühle mich einsam, wenn ____

____.

Überleg dir drei Dinge, die du tun kannst, wenn du dich einsam fühlst.

1. ____

2. ____

3. ____

Am hungrigsten bin ich immer (Tageszeit): ______________________________

____.

Das könnte ich dagegen tun:

1. ____

2. ____

3. ____

Äußere Ursachen

Es gibt so viele Dinge, die einen wütend machen können. Zum Beispiel kann es in dir brodeln, wenn du dich mit Menschen oder mit einer Situation überfordert fühlst oder wenn ein Familienmitglied oder ein Freund etwas Verletzendes sagt.

Fast jeder Mensch wird wütend, wenn er sich bedroht fühlt, wenn er beleidigt wird, wenn er Freunde beschützen will oder wenn Regeln gebrochen werden.

Es ist wichtig, die Ursachen für deine Wut zu kennen, denn dann kannst du dich besser auf sie vorbereiten und mit ihnen umgehen.

Schließ noch mal deine Augen und stell dir eine Situation vor, in der du wütend warst. Was ist kurz davor, währenddessen und danach passiert?

Vorher ______________________________

____

____

Währenddessen ______________________________

____

____

Danach ______________________________

____

____

Äußere Ursachen, *Fortsetzung*

Überleg dir bitte drei weitere Situationen, in denen du wütend warst. Such sie dir aus der Liste unten aus oder erinnere dich selbst.

1. ____

2. ____

3. ____

- Du hast ein Fach in der Schule, das du nicht magst.
- Jemand bricht die Regeln.
- Jemand hänselt dich.
- Jemand kränkt deine Freunde oder deine Familie.
- Du darfst nicht mehr weiterspielen.
- Jemand nimmt dir etwas weg.
- Jemand droht, dir wehzutun.

Nimm dir ein paar Minuten Zeit und denk darüber nach, welche Menschen, Orte oder Ereignisse in dir Wut auslösen. Schreib sie dann unten in die Tabelle. Frag vielleicht auch einen Erwachsenen, ob er sich an eine Situation erinnern kann, in der du wütend warst.

MENSCHEN	ORTE	EREIGNISSE

Wut-Stärke einschätzen

Wie stark die Wut wird, hängt davon ab, wie sehr man sich gestört fühlt. Je wütender man wird, desto mehr verliert man auch die Kontrolle über das, was man sagt und tut.

Erinnere dich bitte an Ereignisse, Menschen und Gefühle, die dich wütend gemacht haben. Versuch dann einzuschätzen, wie stark die Wut war.

1. Du bist ruhig, freundlich und hast dich unter Kontrolle.
2. Du bist leicht gereizt oder verärgert, hast dich aber unter Kontrolle.
3. Du fühlst dich verletzt oder bist aufgewühlt. Dir wird langsam heiß und dein Herz schlägt schneller.
4. Du spürst viel Energie im Körper und würdest am liebsten auf etwas einschlagen oder rennen. Du hast nur noch wenig Kontrolle über dich.
5. Alles eskaliert, und du möchtest vor Wut schreien oder etwas kaputt machen.

Bewerte bitte alle folgenden Ereignisse mithilfe der Wut-Skala. Die 1 ist die niedrigste und die 5 die höchste Stufe.

Jemand schummelt beim Spielen. __________

Jemand nennt deine Freundin »doof«. __________

Du fühlst dich nach der Schule sehr müde und hungrig. __________

Deine Eltern sagen dir, dass du aufhören sollst, am Computer oder Handy zu spielen. __________

Jemand sagt, dass deine Frisur hässlich ist. __________

Du hast Mathe in der Schule und willst nur raus. __________

Deine Eltern wollen mit dir zu einem Verwandten fahren, den du nicht magst. __________

Du fühlst dich einsam und langweilst dich. __________

Jemand hat dir einen Streich gespielt. __________

Denk jetzt bitte an eine innere Ursache für Wut (Hunger oder Müdigkeit) und einen äußeren Auslöser für Wut (jemand schimpft dich aus oder dir wird etwas weggenommen), die du selbst erlebt hast. Bewerte die Stärke deiner Wut mit der Wut-Skala.

Innere Ursache _ **Stärke** _ _ _ _

Äußere Ursache _ **Stärke** _ _ _ _

INNEN

AUSSEN

WER MACHT DICH WÜTEND?

Du hast in deinem Leben mit vielen verschiedenen Menschen zu tun. Manche siehst du jeden Tag wie deine Familie, deine Freunde und die Lehrer an der Schule. Andere wichtige Menschen siehst du nicht so oft, zum Beispiel Verwandte oder Freundinnen und Freunde, die weit weg wohnen.

Mit den Menschen, die man liebt, möchte man gerne gut auskommen. Man wünscht sich, dass es ihnen gut geht und sie glücklich sind. Wenn allerdings die Wut mit einem durchgeht und man außer Kontrolle gerät, bekommen auch sie manchmal Angst, werden selbst wütend oder gehen auf Abstand zu einem.

Es gibt aber auch Menschen, die man nicht so mag. Zum Beispiel rücksichtslose Menschen, die gemeine Sachen sagen und einen dadurch verletzen. Leider kann man solchen Menschen nicht immer aus dem Weg gehen. Zum Beispiel, wenn es Familienmitglieder sind oder sie mit einem zur Schule gehen. Wenn man von jemandem beleidigt wird, tut es oft gut, die Person auch zu beleidigen. Das hilft aber natürlich nicht, um mit diesem Menschen auf Dauer besser auszukommen. Wie du das schaffen kannst, erfährst du in diesem Kapitel.

Gefühle erkennen, Gefühle benennen

Unangenehme Gefühle entstehen oft dann, wenn man nicht bekommt, was man will oder braucht. Was *fühlst* du zum Beispiel, wenn du ständig von jemandem unterbrochen wirst? Ja, irgendwann bist du einfach total genervt, weil du eigentlich Aufmerksamkeit und Bestätigung *brauchst*.

Wenn deine kleine Schwester oder dein Bruder ohne zu fragen dein Spielzeug nimmt, *fühlst* du vielleicht Wut in dir aufsteigen, weil du nicht *willst*, dass jemand mit deinen Sachen spielt. Und vielleicht *willst* du auch, dass sich deine Eltern auf deine Seite stellen.

Die richtigen Wörter für das zu finden, was du *fühlst* und *willst*, ist gar nicht so einfach und braucht etwas Übung. Allerdings wird es dir und deiner Familie helfen. Denn wenn du deine Gefühle mitteilen kannst und dadurch die Hilfe bekommst, die du brauchst, wird alles für alle einfacher.

Überleg dir bitte zusammen mit einem Erwachsenen drei Situationen, in denen du unangenehme Gefühle hattest. Das können auch kleine Momente sein, die schnell wieder vorbeigegangen sind. Wenn du willst, bitte den Erwachsenen, von seinen eigenen schwierigen Gefühlen zu erzählen. Du wirst sehen – alle kennen so was!

Schreib in die Tabelle, was dir passiert ist, und versuch dann, ein Wort für das Gefühl zu finden, das du gehabt hast. Du kannst entweder eins aus der Liste unten nehmen oder ein eigenes Wort verwenden. Zum Schluss kannst du noch eintragen, was dir in dieser Situation geholfen hätte oder was du gebraucht hättest. Dafür kannst du die rechte Liste zu Hilfe nehmen oder eigene Dinge finden.

ICH FÜHLTE MICH

- ängstlich
- besorgt
- genervt
- gereizt
- hilflos
- schlecht gelaunt
- traurig
- ungeduldig
- verärgert

ICH WOLLTE/BRAUCHTE

- eine Aufmunterung
- nicht ausgeschlossen zu werden
- Bestätigung
- essen/trinken
- frei entscheiden können
- Freizeit
- schlafen
- eine Umarmung
- Unterstützung
- Verständnis

Gefühle erkennen, Gefühle benennen, *Fortsetzung*

WAS IST PASSIERT?	WIE HAST DU DICH GEFÜHLT?	WAS HAST DU GEWOLLT/GE-BRAUCHT?
1.		
2.		
3.		

Wenn unter Verwandten die Chemie nicht stimmt

Manche Kinder leben in einer Großfamilie, andere allein mit Mutter oder Vater. Viele Kinder treffen sich ganz oft mit Onkeln, Tanten, Cousinen und Cousins – und andere nie.

Klar, normalerweise liebt man seine Familie, aber leider läuft nicht immer alles so rund, wie man es sich wünscht. Vielleicht hat man einen griesgrämigen Onkel oder eine nervige kleine Schwester, die einem das Leben schwer machen und Gefühle wie Traurigkeit, Verzweiflung oder Ärger auslösen.

Schwierige Menschen haben natürlich auch ihre netten Seiten. Die sieht man aber vielleicht nicht auf den ersten Blick. Wenn du es mit diesen Menschen leichter haben möchtest, ist es eine gute Idee, mal darüber nachzudenken, was genau die Person so anstrengend macht. Denn wenn du das Problem in Worte fassen kannst und verstehst, was dich an der Person so ärgert, kannst du auch etwas an eurer Beziehung verbessern.

Beziehungen zwischen Menschen sind wie die Beziehungen zwischen Chemikalien. Wenn man Chemikalien miteinander mischt, können sie explodieren. Es kann aber auch etwas tolles Neues entstehen – oder auch gar nichts passieren. Nicht umsonst sagt man »die Chemie stimmt«, wenn zwei sich gut verstehen. Wenn du weißt, auf welche Verwandten du schnell wütend wirst, weil eure Chemie nicht stimmt, kannst du dich darauf vorbereiten und beim nächsten Mal vielleicht ruhiger reagieren.

FAMILIENMITGLIEDER

- Mama
- Papa
- Stiefmutter/Stiefvater
- Geschwister
- Tante
- Onkel
- Cousinen und Cousins
- Oma
- Opa

Diese Liste mit Familienmitgliedern ist natürlich nicht vollständig. Wenn du noch andere Verwandte wie Uroma oder Uropa hast, kannst du sie hier dazuschreiben.

Wenn unter Verwandten die Chemie nicht stimmt, *Fortsetzung*

Schau dir die Liste mit deinen Familienmitgliedern mal genau an. Mit wem bist du manchmal nicht so gerne zusammen?

Was findest du schwierig an der Person, wenn ihr zusammen seid? Gefällt dir vielleicht die Art nicht, wie sie mit dir spricht? Oder geratet ihr ständig aneinander?

Vielleicht hast du eine der folgenden Situationen schon einmal erlebt:

- Beim Spielen streitet ihr euch dauernd.
- Die Person ist sehr streng.
- Die Person kann nicht gut teilen.
- Die Person macht sich über dich lustig.
- Die Person unterbricht dich ständig.

Such dir jetzt bitte ein oder zwei schwierige Verwandte aus und schreib sie in die Tabelle. Wie fühlst du dich, wenn du mit ihnen zusammen bist? Und wie geht es dir danach? Was sollten sie tun, damit du dich besser fühlst? Lass dich vom Beispiel unten inspirieren.

WER IST DIE PERSON?	WAS PASSIERT?	WIE FÜHLST DU DICH DANACH?	WAS WÜRDE ES FÜR DICH BESSER MACHEN?
Ben	Er kommandiert mich herum.	wütend	Er sollte freundlicher zu mir sein und mich nicht wie ein Baby behandeln.

ÜBUNG 3

Streit in der Schule

In der Schule verbringst du einen Großteil deines Lebens, oft sechs oder sieben Stunden am Tag. Da ist es logisch, dass man seine Klassenkameraden, Lehrer und andere Erwachsene an der Schule gut kennenlernt.

Es ist allerdings eine große Herausforderung, mit allen gut auszukommen. Vielleicht hast du einen besonders strengen Lehrer, oder es gibt jemanden in deiner Klasse, der dauernd stört. Manchmal erlebst du bestimmt auch, wie du oder andere Kinder ungerecht behandelt werden.

Guck dir bitte noch mal an, was du in der vorherigen Übung gelernt hast, und übertrag das auf die Leute in deiner Schule. Überleg dir zwei oder drei Personen, mit denen du in der Schule nicht gut auskommst. Schreib dann auf, was genau das Problem ist. Schau dir am Schluss noch mal die Liste »Ich wollte/brauchte« in Übung 1 an und schreib auf, was davon hier passt.

Hier siehst du ein Beispiel:

PERSON	PROBLEM	WAS BRAUCHST DU?
Sarah	Sie hört mir nicht zu, wenn ich mit ihr rede.	Aufmerksamkeit und Verständnis

Haben wir etwas gemeinsam?

Wir alle haben viel mehr miteinander gemeinsam, als wir denken. Und natürlich haben auch Menschen, die man schwierig findet, ihre liebenswerten Seiten. Man sieht sie vielleicht nur nicht.

Denk jetzt bitte an ein paar schwierige Menschen bei dir zu Hause oder in der Schule und überleg dir, was du mit ihnen gemeinsam hast.

Unten sind ein paar Wörter aufgelistet, die angenehme Eigenschaften von Menschen beschreiben. Verwende diese Wörter, um auf die folgenden Fragen zu antworten, oder nutze deine eigenen Wörter.

- einfühlsam
- freundlich
- großzügig
- guter Zuhörer
- hilfsbereit
- kreativ
- liebevoll
- lustig
- macht gerne Späße
- nicht nachtragend
- schlau
- verlässlich

Wen findest du besonders nett oder liebenswert? Was macht ihn oder sie so liebenswert?

Ich mag/liebe ---.

Mir gefällt an ihm/ihr, dass ---.

Wen findest du nur ab und zu nett oder liebenswert? Was ist an ihm/ihr liebenswert und was nicht?

Ab und zu mag ich --.

Er/sie ist liebenswert, wenn --.

Er/sie ist nicht liebenswert, wenn --.

Haben wir etwas gemeinsam?, *Fortsetzung*

Mit wem kommst du nicht so gut aus? Was magst du an ihm/ihr nicht? Was habt ihr gemeinsam?

Nicht so gerne mag ich _ .

Ich mag ihn/sie nicht so gern, weil _ .

Diese Dinge haben wir gemeinsam: _ .

Wie fühlt es sich an, darüber nachzudenken, was du mit dieser schwierigen Person gemeinsam hast?

_ _

Was magst du an dir selbst manchmal nicht? Was ist an dir liebenswert?

Ich mag mich selbst nicht, wenn _ .

Ich bin liebenswert, weil _ .

WIE ZEIGST DU DEINE WUT?

Jeder macht seinem Ärger auf andere Weise Luft. Wie du Wut zeigst, hängt von deinem Charakter und deinen Verhaltensweisen zu Hause und in der Schule ab. Manche Menschen schreien laut herum, wenn sie wütend sind. Andere fressen die Wut in sich hinein. Wie bist du gestrickt? Das schauen wir uns in diesem Kapitel genauer an.

In der ersten Übung finden wir gemeinsam heraus, wie du in bestimmten schwierigen Situationen in der Schule und zu Hause reagierst. Danach gucken wir uns in der zweiten Übung an, was ein gesunder oder ein ungesunder Umgang mit Wut ist.

Gesund heißt hier, dass du deine Wut nicht einfach so herauslässt. Bevor du etwas Verletzendes sagst oder tust, kannst du zum Beispiel einen Spaziergang machen oder ein paar Mal tief ein- und ausatmen. Allerdings lernt man gesunde Reaktionen nicht von heute auf morgen. Du musst viel üben, so, als würdest du ein neues Musikinstrument oder eine neue Sportart lernen.

In der dritten Übung darfst du wieder kreativ sein und dir überlegen, wie du dich auf schwierige Situationen vorbereiten kannst. Vorausschauend zu denken und zu planen ist hilfreich, um Gefühle wie Langeweile zu vermeiden, die zu Wut führen können.

ÜBUNG 1

Wie reagierst du in schwierigen Situationen?

Im Laufe des Tages passieren viele stressige Dinge, die einen schnell wütend machen können. Lies dir die schwierigen Situationen unten durch und schreib auf, wie du normalerweise darauf reagierst. Füge auch eigene Beispiele hinzu.

SCHWIERIGE SITUATIONEN

Deine Eltern sagen: »Jetzt ist Schluss mit Fernsehen.« → ____________________________

____

Du bekommst in der Schule eine schlechte Note. → ____________________________

____

Ein Test ist gleich zu Ende, aber du bist noch nicht fertig. → ________________________

____

Eine Freundin/ein Freund sagt eine Übernachtung bei dir ab. → ______________________

____

Dein Bruder nimmt dein Spielzeug und will es nicht zurückgeben. → ____________________

____

Schau dir bitte deine Antworten noch einmal an. Gibt es etwas, was du immer wieder machst? Schreib unten auf, welche Angewohnheiten dir aufgefallen sind.

MEINE WUT-ANGEWOHNHEITEN

Wut-Reaktionen – gesund oder ungesund?

Wenn man wütend ist, rutschen einem ab und zu Sachen heraus, die man sonst nicht sagen oder tun würde und die einem nachher leidtun.

Die Tabelle unten soll dich an einige der unangenehmen Dinge erinnern, die du manchmal machst, wenn du wütend bist. Außerdem bekommst du Tipps, wie du deine Wut auf eine gesunde Art herauslassen kannst.

UNGESUNDE WUT-REAKTIONEN	GESUNDE WUT-REAKTIONEN
Andere beschimpfen	Anti-Stress-Ball drücken
Anderen körperlich wehtun	Aufschreiben, was einen wütend macht
»Ich hasse dich!« sagen	»Ich bin wütend und brauche Hilfe« sagen
Sachen herumwerfen	Laufen oder spazieren gehen
Schreien	Tief in den Bauch hineinatmen
Türen knallen	

Denk bitte noch mal an Situationen, in denen du wütend warst, und schreib auf, ob du auf gesunde oder ungesunde Weise reagiert hast. Gab es zum Beispiel eine Situation, in der du einfach weggegangen bist und dich zurückgezogen hast, um dich zu beruhigen? Vielleicht erinnert sich ja auch ein Erwachsener in deiner Nähe an eine wütende Reaktion von dir? Schreib die Beispiele bitte in die Tabelle.

UNGESUNDE WUT-REAKTIONEN	GESUNDE WUT-REAKTIONEN

ÜBUNG 3

Tricks gegen die Wut

Jeder kennt diese Dinge, die man jeden Tag tun muss, die aber nicht unbedingt Spaß machen. Zum Beispiel zur Schule gehen, im Auto sitzen, Zähne putzen oder schlafen gehen. Wenn du weißt, welche Sachen dich nerven und wütend machen, kannst du bestimmte Tricks anwenden, um dich zu beruhigen und die Situation mit anderen Augen zu sehen.

Es gibt zum Beispiel Leute, die es hassen, an der Kasse Schlange zu stehen. Wenn du auch zu diesen Menschen gehörst und du beim Warten schnell ungeduldig wirst oder dich langweilst, kommen hier ein paar Tipps für dich.

Du könntest zum Beispiel deine fünf Sinne einsetzen (Sehen, Hören, Schmecken, Riechen und Fühlen) und Dinge im Supermarkt entdecken, die dir vorher nie aufgefallen sind. Oder du könntest mit deinen Eltern »Ich sehe was, was du nicht siehst« spielen. Du könntest auch beim Einkaufen helfen und Dinge aufs Band legen oder Ähnliches.

Es ist immer gut, wenn du auf Situationen vorbereitet bist, die dich vielleicht wütend machen. Dann kannst du dich nämlich auch schneller wieder beruhigen.

Denk mal über ein paar Situationen nach, die dich regelmäßig wütend machen, und schreib auf, wie du anders damit umgehen könntest.

Stell dir zum Beispiel vor, du hättest einen Freund oder einen Cousin, der immer wieder beim Spielen Sachen von dir kaputt macht. Schon beim Gedanken daran, dass er kommt, wirst du wütend. Weil du weißt, dass er wieder mit deinen Sachen spielen wird und dein Nein nicht akzeptiert.

Fällt dir etwas ein, was in dieser Situation helfen würde? ________________________

____

Hier ein paar Vorschläge:

1. Überleg dir etwas, was ihr zusammen machen könnt, wie Fußball spielen, kochen oder basteln.
2. Bitte deine Eltern oder einen anderen Erwachsenen, deine Lieblingsspielsachen zu verstecken, damit sie in Sicherheit sind.

Denk bitte an etwas, was dich vor Kurzem so richtig wütend gemacht hat. Was war das?

____

Wie könntest du die Situation ändern, damit du dich nicht wieder so darüber aufregst?

Gibt es etwas, was dich in dieser Situation ruhiger und cooler gemacht hätte? ____________

Wie könntest du anders mit der Situation umgehen? ____________

Wie könntest du dich selbst in der Situation beruhigen? ____________

WAS PASSIERT, WENN DU DIE WUT RAUSLÄSST?

Du kennst bestimmt den Spruch »Gute Laune ist ansteckend«. Eigentlich ist aber jedes Gefühl ein bisschen ansteckend – Fröhlichkeit, Aufregung oder Ruhe genauso wie Wut oder Gereiztheit. Wenn du mit glücklichen Menschen zusammen bist, fühlst du dich meist auch selbst glücklicher.

Eine der folgenden Übungen ist ein Rollenspiel, in dem du dir vorstellst, du wärst mit einer wütenden Person zusammen. Wenn du dich in die Lage eines anderen hineinversetzt und verstehst, wie sich jemand fühlt, entwickelst du Mitgefühl. Man nennt das Empathie. Das ist die Fähigkeit, sich vorzustellen, wie ein anderer sich fühlt, und ihm dann Hilfe oder Trost zu geben.

Wenn du vor Wut ganz außer dir bist, denkst du nicht mehr darüber nach, wie sich deine Wut auf andere Menschen auswirkt. Überleg deshalb in einer ruhigen Minute, was du mit deiner Wut in anderen auslöst und ob du vielleicht wegen deiner Wut manchmal nicht bekommst, was du eigentlich willst.

In den Übungen in diesem Kapitel erforschen wir deine Art, Wut zu zeigen. Und wir finden heraus, wie du deine Wut-Angewohnheiten durchbrechen kannst, um netter zu dir und anderen zu sein.

Wie sich Wut auf andere auswirkt

Jedes Mal, wenn dich jemand wütend macht, passiert etwas in dir. Es entsteht ein Gefühl, ein Gedanke oder eine Körperempfindung, die dich dazu bringen, etwas zu tun oder zu sagen. Allerdings hat alles, was du tust oder sagst, Auswirkungen. Diese Auswirkungen können angenehm, unangenehm oder neutral sein, also weder gut noch schlecht.

Das Ganze läuft ungefähr in dieser Reihenfolge ab:

Nerviges Ereignis → Gedanke/Gefühl → Reaktion → Folgen

EREIGNIS	GEDANKE/ GEFÜHL	REAKTION	FOLGEN
Mama sagt, ich soll die Konsole weglegen.	Ich will aber noch nicht aufhören.	Du sagst: »Nein, ich bin mitten in einem Spiel und spiele so lange, wie ich will.«	Mama nimmt mir die Konsole weg.

Wie sich Wut auf andere auswirkt, *Fortsetzung*

Denk bitte an Situationen, in denen du auf jemanden wütend warst. Schau dir dann das Beispiel in der Tabelle an und füll die restliche Tabelle mit deinen Beispielen aus.

Such dir bitte zwei Beispiele aus der Tabelle aus und überleg dir, wie du freundlicher und netter reagieren könntest.

Ereignis: ____________________

Nettere Reaktion: ____________________

____

____

Ereignis: ____________________

Nettere Reaktion: ____________________

____

____

Empathie aufbauen

Für die folgende Übung brauchst du einen Erwachsenen, der mit dir ein Rollenspiel macht. Du schlüpfst in die Rolle eines Familienmitglieds oder einer Freundin/eines Freundes, an denen du manchmal deine Wut auslässt. Dadurch wirst du verstehen, wie es sich anfühlt, mit jemandem zusammen zu sein, der die Kontrolle über seine Wut verliert.

Schau dir bitte noch mal die letzte Übung an und such dir eine der Situationen heraus, die du beschrieben hast. Du spielst jetzt die Rolle deines Vaters oder deiner Mutter, deiner Schwester oder deines Bruders oder eines Freundes/einer Freundin. Und der Erwachsene spielt dich. Du kannst zum Beispiel etwas sagen, was deine Eltern immer sagen, wenn du ins Bett gehen sollst oder wenn du die Konsole weglegen sollst. Der Erwachsene spielt dann deine Reaktion, wie er sie schon oft miterlebt hat. Macht weiter, bis die Situation zu Ende gespielt ist, und beantworte dann die folgenden Fragen:

Welche Situation hast du dir ausgesucht? ______________________________

Welche Gefühle hattest du während des Rollenspiels? ______________________

____

Wie hat es sich angefühlt, als der Erwachsene dich gespielt hat? ________________

____

Jetzt kannst du dich besser in die Lage eines anderen hineinversetzen. Wie könntest du beim nächsten Mal vielleicht anders reagieren, wenn du wütend bist?

____

____

Kooperation, Verständnis und Aufmunterung

Damit wir alle gut miteinander auskommen, muss jeder seinen Beitrag leisten. In jeder Beziehung gibt man etwas, und man bekommt etwas – das kann jeweils etwas Gutes oder auch etwas Schlechtes sein, denn jeder hat seine Stärken und Schwächen. Vielleicht kannst du gut zuhören, wenn ein Freund reden möchte. Aber manchmal bist du vielleicht auch ungeduldig oder leicht reizbar, insbesondere wenn es dir nicht so gut geht.

In dieser Übung erforschen wir drei Dinge, die in Beziehungen sehr wichtig sind und die jeder geben und bekommen sollte: Kooperation, Verständnis und Aufmunterung. Sie können helfen, Wut zu vermeiden oder die Wut wieder herunterzukochen. Lies dir alles genau durch und überleg, wann du Kooperation, Verständnis und Aufmunterung gebraucht hättest.

Kooperation bedeutet, dass Menschen zusammenarbeiten, um gemeinsam etwas zu erreichen. Zum Beispiel, wenn man zusammen an einem Schulprojekt arbeitet oder wenn man als Familie gemeinsam das Haus putzt.

Schreib über eine Situation, in der du mit jemandem zusammenarbeiten wolltest, es aber nicht geklappt hat. ___

___

___

Wenn jemand dir gegenüber *Verständnis* zeigt, fühlst du dich gut aufgehoben und verstanden. Das, was du tust, wird nicht als gut oder schlecht bewertet, sondern man versucht nachzuvollziehen, was du fühlst und tust.

Schreib über eine Situation, in der du dich unverstanden oder falsch beurteilt gefühlt hast.

___

___

Wie kannst du anderen dabei helfen, dich besser zu verstehen? _______________

____

____

Wenn dir jemand sagt, dass schon alles gut werden wird und es dir bald besser gehen wird, ist das eine *Aufmunterung*. Zum Beispiel kann man eine Aufmunterung gebrauchen, wenn man traurig ist oder wenn etwas Schönes zu Ende geht.

Denk an eine Situation, in der du enttäuscht warst, und schreib sie auf. _______________

____

____

Mit welchen Worten kann man jemanden aufmuntern, damit er sich besser fühlt? Überleg dir, was du einer Freundin sagen würdest, die wegen irgendetwas enttäuscht ist.

____

____

____

STEHST DU DIR SELBST IM WEG?

Wie bei den meisten schwierigen Gefühlen entsteht auch Wut oft dann, wenn man nicht bekommt, was man will. Wenn du beim Fußball eine sichere Torchance nicht verwandelst, wirst du wütend, weil du deiner Mannschaft eigentlich beweisen wolltest, dass du ein wertvoller Spieler bist. Und wenn du auf einer langen Autofahrt schlechte Laune bekommst, liegt das wahrscheinlich daran, dass du viel lieber draußen spielen würdest.

Obwohl Wut eine natürliche Reaktion auf viele unangenehme Situationen ist, fühlt man sich oft damit alleingelassen. Man hat den Eindruck, dass die Menschen, die einem dabei helfen könnten zu bekommen, was man eigentlich will, plötzlich ganz weit weg sind.

Doch wieso ist das so? Warum hat man das Gefühl, ganz allein dazustehen? Um das zu verstehen, musst du erst einmal herausfinden, welche ungesunden Wut-Reaktionen wie Türenknallen oder Beschimpfen für dich typisch sind. Denk über die Situationen nach, in denen du ungesund reagiert hast. Könnte es sein, dass du durch deine Reaktion alles noch schlimmer gemacht hast? Und dass du deshalb nicht bekommen hast, was du wolltest?

Sobald du verstehst, dass du dir mit deinen wütenden Aktionen manchmal selbst im Weg stehst, kannst du einen gesünderen Umgang mit der Wut lernen. Mitten in einem Wutanfall ist es natürlich schwer, einen kühlen Kopf zu bewahren und über eine gute Reaktion nachzudenken. Deshalb solltest du in einer ruhigen Minute überlegen, wie du auf eine bessere, hilfreichere Weise handeln könntest. Hilfreich wäre zum Beispiel, dich ein bisschen zurückzunehmen oder einfach wegzugehen, um Abstand von der Situation zu gewinnen.

Das ist aber leider nicht immer möglich – zum Beispiel im Klassenzimmer oder im Auto. Aber auch da gibt es einen Trick. Stell dir in solchen Fällen vor, du hättest eine *innere* Bremse. Wenn du auf diese Bremse trittst, hältst du dich davon ab, sofort das zu tun oder zu sagen, was dir als Erstes in den Sinn kommt, wenn du wütend bist. Diese kurze Pause verschafft dir etwas Abstand zu deinen Gefühlen und zu dem, was du jetzt eigentlich am liebsten tun würdest. So bist du deinem inneren Wutmonster nicht willenlos ausgeliefert, sondern kannst selbst steuern, wie du dich verhältst. Wenn du das gelernt hast, wirst du in Zukunft in schwierigen Situationen auch eher bekommen, was du willst.

Wer hat das Steuer in der Hand?

Wut ändert die Art und Weise, wie du Menschen und Situationen wahrnimmst. Glücklicherweise gibt es aber Zeichen, an denen du erkennst, ob du gerade durch die Brille des Wutmonsters oder des ruhigen Geistes schaust. Achte auf diese Zeichen, und überleg dann, wie du mithilfe des ruhigen Geistes bekommst, was du willst – und zwar ohne anderen dabei wehzutun.

Dein ruhiger Geist kann:

- **sich die Folgen überlegen:** »Wie wird er sich wohl fühlen, wenn ich ihm den Ball wegnehme?«
- **die Situation aus verschiedenen Seiten betrachten:** »Vielleicht war es keine Absicht, sondern ist nur aus Versehen passiert.«
- **verständnisvoll sein:** »Vielleicht hat sie einfach einen schlechten Tag.«
- **sich zurücknehmen oder weggehen:** »Ich muss mich beruhigen, bevor ich etwas sage oder tue.«
- **alle verschiedenen Gefühle erkennen:** »Ich bin wütend, enttäuscht und traurig.«

Und so ist dein Wutmonster:

- **Reagiert, ohne nachzudenken:** »Sie hat mir wehgetan, also tue ich ihr auch weh!«
- **Es macht, wann es will, was es will:** »Ich tue, was ich will!«

Beschreib eine Situation, die dich wütend gemacht hat: ______________________________

____

Was hast du gemacht? ____

____

Hatte der ruhige Geist oder das Wutmonster die Kontrolle? ____________________

____

Was waren die Folgen? ____

____

Wer hat das Steuer in der Hand?, *Fortsetzung*

Was sagen dein Wutmonster und dein ruhiger Geist normalerweise zu dir, wenn du wütend bist? Schreib ein paar Beispiele in die Tabelle.

WUTMONSTER	RUHIGER GEIST
Er hat es verdient!	Ich würde am liebsten ausrasten, aber ich atme lieber tief durch.
Ich hasse sie!	Ich bin gerade extrem wütend, aber Wut geht auch wieder vorbei.

Wie reagieren die Leute, wenn sie dich nicht als Wutmonster, sondern als ruhigen Geist erleben?

Welche Möglichkeiten hast du?

Manchmal kommt die Wut so schnell angedonnert wie ein Hochgeschwindigkeitszug, von dem man regelrecht überrollt wird und der einen unschöne Dinge tun (schlagen) oder sagen (hänseln) lässt. Nachher tut einem alles oft leid. Allerdings gibt es einen Weg, um den Zug zu verlangsamen und sich selbst und andere in Sicherheit zu bringen.

Gab es bei dir schon einmal eine Situation, in der du so rasend vor Wut warst, dass die Menschen um dich herum Angst vor dir hatten? Wenn du dir verschiedene Möglichkeiten überlegst, wie du auf deine Wut reagieren könntest, bekommst du die Wut besser in den Griff und tust keine Dinge mehr, die dir später leidtun.

Verbinde jeden Wut-Auslöser mit einer gesunden Reaktion, die hier passen könnte. Füg auch eigene Beispiele hinzu.

WUT-AUSLÖSER

- Ich muss an der Kasse Schlange stehen.
- Ich darf nicht mehr fernsehen oder mit der Konsole spielen.
- Ich muss mein Spielzeug mit anderen teilen.
- Ich muss zur Schule gehen, habe aber keine Lust.
- Ich muss etwas essen, habe aber keine Lust.
- Ich darf im Supermarkt nicht das haben, was ich will.
- Ich soll ins Bett gehen.
- Ich verliere beim Tischtennis.
- ________________________
- ________________________

GESUNDE REAKTION

- Ich denke daran, dass Wut wieder nachlässt und nicht ewig dauert.
- Ich mache einen Spaziergang in der Umgebung.
- Ich nehme ein Bad oder gehe duschen.
- Ich sage, wie ich mich fühle: »Ich fühle ...«
- Ich schließe die Augen und atme dreimal tief ein und aus.
- Ich stelle mir etwas vor, das ich sehr mag.
- ________________________
- ________________________
- ________________________
- ________________________

Der Ton macht die Musik

Ist dir das auch schon mal aufgefallen? Wenn du wütend bist, verändert sich deine Stimme. Oft wird sie lauter oder klingt schärfer. Wenn deine Eltern oder Freunde diese kleinen Veränderungen in deiner Stimme hören, gehen sie vielleicht schon automatisch in Deckung, um sich vor deinem Wutausbruch zu schützen.

Wenn andere deinetwegen oft in Deckung gehen müssen, kann es passieren, dass sie einen richtigen Schutzwall um sich herum aufbauen und du nicht mehr an sie herankommst. Dann wird es schwierig mit der Kooperation. Wie du schon gelernt hast, kocht Wut oft dann hoch, wenn du nicht bekommst, was du willst. Wenn du aber darauf achtest, in welchem Tonfall du um etwas bittest, wird die Chance höher, dass andere mit dir zusammenarbeiten. Das ist am Anfang gar nicht so leicht, und du brauchst dafür etwas Selbstkontrolle. Mit etwas Übung wird es für dich aber immer einfacher, und irgendwann hältst du automatisch einen Moment lang an, bevor du etwas aus der Wut heraus tust oder sagst.

Denk noch mal an Dinge, die du gebraucht hast, als du wütend warst. Brauchtest du vielleicht vor den Hausaufgaben mehr Zeit für dich? Oder brauchtest du nach einer Enttäuschung etwas, auf das du dich freuen konntest? In welchem Tonfall hast du um diese Dinge gebeten?

Der Ton macht die Musik, *Fortsetzung*

Mal ein Bild, wie du wegen deiner wütenden Art, zu fragen oder zu handeln, nicht bekommst, was du willst.

Mal jetzt ein Bild, wie du durch ruhiges Sprechen und Handeln bekommst, was du willst.

DRITTER TEIL

Bedienungs- anleitung für deine Wut

Das lernst du im dritten Teil

In diesem Teil des Buches erfährst du, dass du starke Gefühle wie Wut besser in den Griff bekommst, wenn du sie freundlich begrüßt und allgemein mehr auf deine Gefühle achtest. Auch schwierige Gefühle gehören zu dir dazu und möchten genauso freundlich behandelt werden wie alle anderen Gefühle.

Unser Gehirn beschäftigt sich besonders gern mit Dingen, die gefährlich oder beängstigend sind oder Wut auslösen. Mit den folgenden Übungen kannst du dein Gehirn aber umtrainieren, damit es sich auf all das Schöne im Leben konzentriert – das ist ganz einfach und macht sogar Spaß!

Freundlichkeit, Geduld und Dankbarkeit dir selbst gegenüber kannst du auf viele verschiedene Arten zeigen. Du wirst sehen, dass du die Macht über deine Gefühle hast – und nicht umgekehrt. Sobald du eine Art Bedienungsanleitung für deine Wut entwickelt hast, wird es für dich auch viel leichter, anderen Menschen auf gesunde Art mitzuteilen, was du fühlst und was du brauchst. Und du wirst außerdem besser verstehen, wie sich andere fühlen und was sie brauchen, wenn sie wütend sind.

Im letzten Kapitel kannst du dir überlegen, was dich und andere glücklich macht. Das schreibst du dann auf. Und am Ende des Buches weißt du, wie du die Kontrolle behältst, wenn das Wutmonster wieder zu Besuch kommt.

COOLE TRICKS GEGEN DIE WUT

Jetzt haben wir gelernt, warum man wütend wird und was passiert, wenn man wütend ist. Lass uns nun gemeinsam herausfinden, wie man ruhiger und kontrollierter mit der Wut umgehen kann.

Zum Glück gibt es dafür ein tolles Hilfsmittel: die *Achtsamkeit*. Achtsamkeit bedeutet, alles aufmerksam und freundlich wahrzunehmen, was gerade da ist, ohne es ändern zu wollen. Normalerweise macht man gerne einen Bogen um Sachen, die man nicht mag. Schließlich hätte jeder am liebsten nur angenehme Dinge um sich herum. Wenn man aber auch Unangenehmes zulässt und es wie einen unerwarteten Gast willkommen heißt, sinkt der Stress-Pegel und man wird ruhiger. Achtsamkeit heißt auch, mehr auf seine fünf Sinne zu achten, also darauf, was man hört, sieht, fühlt, schmeckt und riecht. Und auf die Körpersignale, Gedanken, Gefühle und Beziehungen zu anderen Menschen. All diese Dinge spürt man natürlich jeden Tag. Doch oft nimmt man sie nicht aufmerksam wahr und weiß nicht, wie man sie kontrollieren kann.

Stell dir Achtsamkeit am besten wie eine Taschenlampe vor, die du auf bestimmte Dinge richtest. Damit deine innere

Taschenlampe – die Achtsamkeit – auch immer schön hell leuchtet, muss du jeden Tag ein bisschen üben. Eine Übung ist zum Beispiel, deine Aufmerksamkeit auf deinen Atem, deinen Körper oder Geräusche in der Nähe zu lenken. Stell dir vor, du würdest dich von Kopf bis Fuß einmal durchscannen und genau wahrnehmen, was in dir und um dich herum passiert.

Es ist auch wichtig zu wissen und zu üben, wie du dich entspannen kannst. Sehr einfach geht das, wenn du alle Muskeln in deinem Körper loslässt, denn dann entspannt sich automatisch auch dein Geist. Die passende Übung dazu ist, die Muskeln absichtlich anzuspannen und dann loszulassen, weil du so die Entspannung richtig gut spüren kannst.

Es gibt aber noch viele andere tolle Arten, wie du dich selbst beruhigen kannst, wenn du wütend bist. Einige davon erfährst du in diesem Kapitel. Du kannst zum Beispiel auch ein heißes Bad nehmen oder dich einfach eine Weile allein ins Bett legen.

Wenn man gerade richtig wütend ist, fällt es schwer, sich deutlich und durchdacht auszudrücken. Deshalb werden wir gemeinsam üben, wie du anderen klar und freundlich mitteilen kannst, was du brauchst. Denn Übung hilft, und in der Ruhe liegt die Kraft.

Innehalten, atmen, spüren, entscheiden

Wenn du wütend bist, solltest du als Allererstes kurz *innehalten*, also auf deine innere Bremse drücken und das stoppen, was du gerade tun willst. Nimm danach ein paar tiefe Atemzüge und fühl, wie dein Bauch sich hebt und senkt. Spür die Wutsignale, die dein Körper sendet. Nimm auch Empfindungen wie Hitze, Kribbeln, Druck oder Enge wahr. Wenn du dich etwas beruhigt hast, kannst du dich für eine gesunde Reaktion entscheiden.

In dieser Übung lernst du zwei Methoden, um dich zu beruhigen, wenn du wütend bist.

NIMM DEINEN ATEM WAHR

Schließ deine Augen und atme zweimal tief durch deine Nase ein und aus. Spür, wie dein Bauch sich bewegt. Halt die Augen geschlossen, nimm wieder zwei tiefe Atemzüge, und fühl, wie dein Brustkorb sich auf und ab bewegt. Atme am Schluss noch dreimal normal durch deine Nase ein und aus. Spür, wie die Luft an den Nasenflügeln ein- und ausströmt. Zähl jetzt deine Atemzüge im Stillen und fühl, wie dein Bauch sich beim Atmen hebt und senkt.
Zähl 1, 1, 1 beim Einatmen und 1, 1, 1 beim Ausatmen. Setz das fort, bis du bei 4, 4, 4 angekommen bist, und fang dann noch mal von vorn an.

Wo kann man den Atem am besten spüren? _

Was genau spürst du in diesem Körperteil? _

Es ist wichtig, dass du dir jeden Tag Zeit nimmst und deine Aufmerksamkeit auf die Atmung lenkst. Dadurch lernt dein Gehirnpolizist PFC, deine Amygdala zu beruhigen, wenn dein Wutmonster kommt. Stell einen Timer auf fünf Minuten und übe, deinen Atem zu spüren.

ANSPANNEN UND LOSLASSEN

Ist dir aufgefallen, dass deine Muskeln sich anspannen, wenn du wütend oder gereizt bist? Wenn du diese Anspannung bewusst lockerst, fühlst du dich ruhiger und kontrollierter.

In der nächsten Übung trainieren wir das Anspannen und Loslassen verschiedener Körperteile und wir spüren, wie das unsere Gefühle verändert. Setz dich bitte bequem hin.

Hände: Ball deine Hände zu Fäusten, indem du die Daumen unter die Finger steckst. Drück die Fäuste fest zu und stell dir vor, dass dein ganzer Frust mit einem Magneten in deine Hände gezogen wird. Halt weiter gedrückt und zähl langsam bis zehn. Atme dann tief durch die Nase ein. Beim Ausatmen die Fäuste aufmachen und die Finger strecken. Stell dir vor, dass deine Wut deinen Körper durch die Fingerspitzen verlässt.

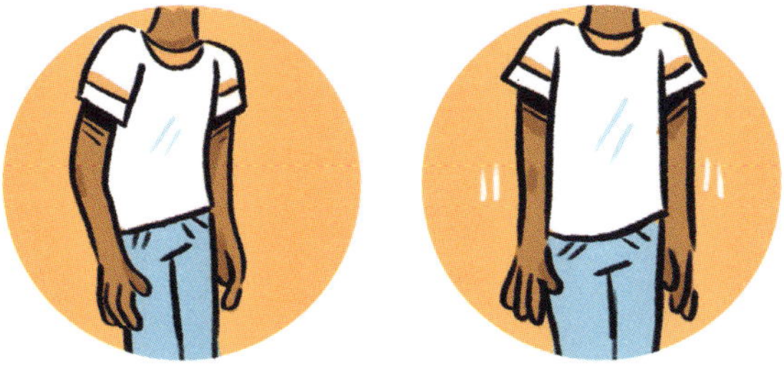

Arme: Beug deine Ellenbogen und drück deine Arme seitlich an den Körper. Zähl bis zehn, atme tief ein und lass die Arme beim Ausatmen wieder los.

Beine: Lehn dich in deinem Stuhl zurück und streck die Beine nach vorne aus. Fühl, wie sich deine Muskeln anspannen und die Knie aneinanderdrücken. Zähl bis zehn, atme dann tief ein und senk die Beine beim Ausatmen langsam wieder auf den Boden ab.

Schließ jetzt die Augen, atme tief ein und spür nach, wie sich dein Körper und Geist anfühlen.

Im Körper spüre ich ____

____.

Im Geist spüre ich ____

____.

ÜBUNG 2

Nutze deine fünf Sinne!

Wenn du wütend wirst, bekommst du einen Tunnelblick. Das bedeutet, dass dein Blickfeld wie ein Tunnel verengt ist und du nicht mehr siehst, was um dich herum passiert. In so einem Fall hilft es, auf die innere Bremse zu treten, alle fünf Sinne nacheinander zu spüren und dich selbst so aus dem Tunnel zu holen.

Schau dich jetzt mal um und finde fünf Dinge, die dir in deiner Umgebung vorher gar nicht aufgefallen sind. Schreib sie bitte auf.

1. ---

2. ---

3. ---

4. ---

5. ---

Bonus: Spiel während eines Spaziergangs oder beim Schlangestehen mit deiner Familie »Ich sehe was, was du nicht siehst«.

Stell deinen Timer jetzt bitte auf eine Minute und schließ deine Augen. Welche unterschiedlichen Geräusche hörst du? Zeichne oder schreib alle Geräusche auf.

Probier beim nächsten Mal, wenn du ruhig bist oder gerade wütend wirst, deine anderen Sinne aus – Schmecken, Riechen und Tasten. Oder schließ deine Augen, wenn du in der Natur bist, und atme tief ein. Nimm alle Gerüche in der Luft wahr. Du könntest auch beim Essen deine Augen schließen und genau nachspüren, wie sich das Essen auf der Zunge anfühlt, wie es schmeckt oder ob sonst etwas Besonderes daran ist.

ÜBUNG 3

Du hast die Wahl!

Unterschiedliche Situationen erfordern unterschiedliche Reaktionen. In der Schule wird von dir erwartet, dass du im Unterricht aufpasst und den Lehrer fragst, wenn du auf die Toilette gehen möchtest. Zu Hause musst du nicht bei allem erst um Erlaubnis bitten.

In der nächsten Übung finden wir für jede Situation eine passende Reaktion, damit du beim nächsten Mal besser vorbereitet bist. Bei manchen Situationen gibt es auch mehr als eine richtige Antwort. Such dir einfach die Reaktion aus, die du am hilfreichsten findest, und verbinde die Situation und deine Reaktion mit einem Strich.

SITUATION	DEINE REAKTION
Dein Bruder oder deine Schwester hat dein Spielzeug kaputt gemacht.	**Ich balle die Fäuste und lasse sie wieder los.**
Deine Eltern sagen: »Jetzt ist Schluss mit Fernsehen!«	**Ich bitte jemanden, mich in den Arm zu nehmen.**
Du bist traurig oder wütend, weil jemand dich beleidigt hat.	**Ich gehe auf die Toilette, um allein zu sein.**
Du fühlst dich von jemandem in der Schule bedroht.	**Ich zähle meine Atemzüge.**
Du hast eine schlechte Note bekommen.	**Ich beobachte Dinge in der Natur.**
Du musst zum Zahnarzt oder zu deinen Verwandten und willst nicht.	**Ich frage meinen Lehrer, ob ich kurz rausgehen darf, um mich zu beruhigen.**
Eine Verabredung wurde abgesagt und du bist enttäuscht.	**Ich gucke einen Film.**
Jemand hänselt dich.	**Ich sage meinem Freund/meiner Freundin, dass ich kurz allein sein will.**
Jemand schummelt bei einem Spiel.	**Ich nehme ein Bad oder gehe duschen.**
	Ich höre Musik.
	Ich frage, ob ich auf die Toilette gehen darf.
	Ich frage, ob ich einen Spaziergang machen kann.
	Ich spiele mit einem Haustier.

Neue Reaktionen bewerten

Gewohnheiten zu ändern ist nicht so einfach. Die Dinge, die dir besonders schwerfallen, musst du immer wieder üben, dann wird es irgendwann leichter.

Lies dir bitte unten deine neuen Reaktionen auf Wut durch und überleg, wie schwer oder leicht sie für dich sind. Verwende die Noten eins bis fünf – eins ist megaleicht, fünf ist sehr schwer.

______ **Atemzüge zählen**

______ **Auf die Toilette gehen, um allein zu sein**

______ **Bad nehmen oder duschen**

______ **Der Freundin/dem Freund sagen, dass man kurz allein sein will**

______ **Die Fäuste ballen und wieder loslassen**

______ **Dinge in der Natur beobachten**

______ **Ein Buch lesen**

______ **Film gucken**

______ **Fragen, ob man auf die Toilette darf**

______ **Fragen, ob man einen Spaziergang machen darf**

______ **Lehrer fragen, ob man kurz rausgehen darf, um sich zu beruhigen**

______ **Mit einem Haustier spielen**

______ **Musik hören**

______ **Um eine Umarmung bitten**

Welche dieser neuen Reaktionen willst du diese Woche mal ausprobieren?

____

ÜBUNG 5

Wie bittest du um das, was du brauchst?

Es ist gar nicht so leicht, um Hilfe zu bitten, wenn man wütend ist. Falls du eine kleine Pause brauchst, um dich zu beruhigen, kannst du auf verschiedene Arten danach fragen. Guck dir mal die Möglichkeiten unten an. Sie sollen dir helfen, die richtigen Worte zu finden, wenn du dabei bist, die Kontrolle über dich zu verlieren.

Schreib in den Lückentext, wie du vielleicht um eine kleine Unterbrechung bitten könntest. Ordne die Sätze dann den Personen zu, denen du die Fragen stellen könntest.

- Babysitter
- Coach/Therapeut
- Eltern
- Freund/Freundin
- Lehrer/Lehrerin

Ich fühle mich ____

und würde gerne ____.

Ich kann jetzt nicht reden. Darf ich _____________________________

_____________________________ **und wir reden später darüber?**

Ich fühle mich ____

____________________ **und weiß gerade nicht, was ich will. Kannst du mir bitte helfen?**

Ich kann gerade nicht _ .

Darf ich _ ?

Ich muss jetzt wirklich _

weil ich _ .

WAS BRAUCHST DU, WENN DU WÜTEND BIST?

Mitten in einem Wut-Gewitter herauszufinden, was man gerade braucht, ist alles andere als einfach. Wechselnde Gefühle und Gedanken schlagen ein wie Blitze und bringen einen so durcheinander, dass man nicht mehr klar denken kann.

In den nächsten drei Übungen findest du mithilfe deiner Vorstellungskraft heraus, welche Dinge, Menschen oder Orte dir ein Gefühl der Ruhe, Sicherheit und Geborgenheit geben könnten.

Nach einem Wutanfall macht man sich oft Vorwürfe. Man fühlt sich schuldig oder schämt sich für das, was man getan oder gesagt hat. Man denkt vielleicht auch, dass man zu sich selbst hart sein muss, damit so etwas in Zukunft nicht wieder passiert. Dabei braucht man gerade in solchen Augenblicken Selbstliebe mehr als alles andere. Gefühle sind wie Babys, die nach Liebe und Aufmerksamkeit schreien.

Was würdest du tun, wenn eine Freundin oder ein Freund traurig oder wütend wäre? Würdest du besonders nett zu ihr/ihm sein? Manchmal ist es tatsächlich einfacher, zu anderen nett zu sein als zu sich selbst. Es ist aber wichtig, diese Freundlichkeit auch dir selbst zu zeigen und dir Dinge zu verzeihen.

Was brauchst du, um dich zu beruhigen?

Überleg mal, was dir ein Gefühl von innerem Frieden, Glück und Geborgenheit gibt. Denn dann weißt du beim nächsten Wutanfall, was du tun kannst, um dich selbst zu beruhigen.

Schließ jetzt bitte deine Augen und frag dich: »Was gibt mir das Gefühl von innerem Frieden?« Stell dir dann vor, du würdest genau das tun, und mal unten ein Bild davon.

Was brauchst du, um dich zu beruhigen?, *Fortsetzung*

Schließ noch mal die Augen und frag dich: »Was macht mich ruhig und glücklich?« Stell dir dann vor, du würdest genau das tun, und mal unten ein Bild davon.

Schließ jetzt zum letzten Mal deine Augen und frag dich: »Was gibt mir Geborgenheit?« Stell dir dann vor, du würdest genau das tun, und mal unten ein Bild davon.

Beruhigungsglas

Verwirren dich deine Gefühle manchmal? Kommt es dir so vor, als würden fünf Gefühle gleichzeitig um deine Aufmerksamkeit kämpfen? Gefühle wollen beachtet werden und brauchen ab und zu deine Zeit. Wenn sie sich beachtet fühlen, beruhigen sie sich oft von selbst.

So wie die Schneeflocken in einer Schneekugel werden auch deine Gefühle ab und zu durch Situationen, Menschen oder Ereignisse ordentlich durcheinandergewirbelt. Wenn du sie einfach beiseiteschiebst, ist es so, als würdest du die Schneekugel immer weiter schütteln. Wie die Schneeflocken kommen auch deine Gefühle dann nicht zur Ruhe.

In dieser Übung bastelst du dir deine eigene Schneekugel in Form eines Glitzer-Glases, das dir helfen kann, deine Gefühle zu benennen. Sobald du deine Gefühle erkannt und dich beruhigt hast, kannst du auch klarer und entspannter sagen, was du in der jeweiligen Situation brauchst.

DU BRAUCHST

- ein großes Einmach- oder Schraubglas
- durchsichtigen, flüssigen Alleskleber ohne Lösungsmittel
- Glitzer in zwei oder drei Farben

ANLEITUNG

1. Füll das Glas zur Hälfte mit warmem Wasser, füg 2 Esslöffel Kleber hinzu und rühr um.
2. Gib dann den Glitzer ins Glas und denk dabei an eine Situation, in der du traurig, wütend oder ängstlich warst oder in der du getröstet wurdest. Erzähl einem Erwachsenen, dem du vertraust, von einer Situation, in der du eines dieser Gefühle hattest.
3. Füll das Glas fast bis zum Rand mit lauwarmem Wasser.
4. Verschließ das Glas und schüttle es.
5. Beobachte, wie der Glitzer langsam zu Boden sinkt, und spür nach, was du gerade fühlst. Ist es ein angenehmes Gefühl oder eher ein unangenehmes Gefühl, das du am liebsten schnell loswerden möchtest?
6. Atme tief ein und lass dein Gefühl einfach so sein, wie es ist. Spür dann nach, wie sich das Gefühl verändert, während der Glitzer nach unten fällt.

Sei nett zu dir selbst!

Jeder kennt das: Ab und zu ärgert man sich über sich selbst. Man schämt sich zum Beispiel oder ist traurig darüber, dass man keine Kontrolle über seine Gefühle hat. Eines darf man dabei aber nie vergessen: Schwierige Gefühle gehören zum Leben! Es gibt keinen Grund, sich deshalb Vorwürfe zu machen oder zu glauben, dass man der oder die Einzige mit diesem Gefühl ist.

Wenn man wütend ist, sehnt man sich häufig nach Verständnis und einem freundlichen Wort. Das kann man sich aber auch selbst schenken, indem man Mitgefühl und Verständnis für den eigenen Kummer und Schmerz entwickelt. Zum Beispiel kannst du etwas zu dir sagen wie: »Aua, das tut weh!« – als hättest du dir das Bein gestoßen. Dadurch wird dir klar, dass du in einer schwierigen Situation bist, in der du Freundlichkeit brauchst. Spende dir selbst Trost, so wie du es bei einem traurigen oder wütenden Freund auch tun würdest.

ANLEITUNG ZU EINER MEDITATION

Schließ deine Augen und denk an eine schwierige Situation, die du vor Kurzem erlebt hast. Leg eine Hand auf dein Herz und sag: »Aua!« – entweder im Stillen oder laut.

Denk dann an die vielen Menschen auf der Welt, die dieses schwierige Gefühl auch gut kennen. Spür nach, wie du dadurch Mitgefühl für diese Menschen und dich selbst bekommst. Sag zum Schluss etwas Aufmunterndes zu dir selbst, zum Beispiel: »Dieses Gefühl geht bald wieder vorbei.« Oder du sagst liebevoll: »Ich bin für dich da und bleibe, solange du mich brauchst.« Du könntest auch sagen: »Ich fühle inneren Frieden. Ich lasse meine Gefühle so sein, wie sie sind. Ich akzeptiere meine Gefühle und bin nett zu mir selbst.«

Öffne dann deine Augen und spür nach, wie du dich fühlst. Was fällt dir auf?

Probier bitte die folgenden drei Schritte aus, wenn du das nächste Mal mit einem großen, schwierigen Gefühl überfordert bist:

1. Leg deine Hand auf dein Herz und denk oder sag: »Uff, das ist wirklich schwer!«
2. Denk an all die Menschen auf der Welt, die genauso fühlen wie du, und empfinde Mitgefühl für sie und für dich.
3. Sag etwas Nettes zu dir selbst und lass deine Gefühle so, wie sie sind.

WIE TEILST DU ANDEREN MIT, WAS DU BRAUCHST?

Über die Wörter *traurig*, *wütend* oder *glücklich* haben wir ja schon gesprochen. Es gibt aber noch sehr viele andere Wörter, die deine Gefühle vielleicht noch besser beschreiben können. Wenn du zum Beispiel *rastlos* bist, sprudelst du nur so vor Energie und kannst einfach nicht still sitzen. *Dünnhäutig* wiederum bedeutet, dass du gerade sehr empfindlich bist und dir vielleicht oft zum Weinen zumute ist.

Es wird viel einfacher, anderen zu erklären, was du wirklich fühlst, wenn du für all deine verschiedenen Gefühle die passenden Wörter kennst. Dann bekommst du auch eher, was du brauchst.

Wie gesagt entstehen schwierige Gefühle oft dann, wenn man etwas Bestimmtes will oder braucht. Es ist also wichtig, die eigenen Bedürfnisse zu kennen, damit man sie anderen mitteilen kann. Statt zu sagen: »Ich will, dass *du* aufhörst zu schummeln!«, und damit viel Druck auf die andere Person auszuüben, solltest du lieber sagen, was du in dieser Situation *wirklich* brauchst. »Mir sind Vertrauen und Ehrlichkeit sehr wichtig.« So können deine Bedürfnisse erfüllt werden, ohne dass der ganze Druck auf einer einzelnen Person liegt.

Wenn du gelernt hast, deine Gefühle und Bedürfnisse zu benennen, kommt der nächste wichtige Schritt. Jetzt musst du um das bitten, was du brauchst oder willst. Eine Bitte ist aber nicht dasselbe wie eine Forderung. Wenn du um etwas bittest, bist du auch bereit, ein Nein zu akzeptieren. Allerdings bedeutet ein Nein nicht automatisch, dass du nicht bekommen wirst, was du brauchst. Es heißt einfach nur, dass du mit jemandem zusammenarbeiten (kooperieren) musst, damit ihr gemeinsam erreichen könnt, was ihr beide braucht.

Du kannst niemanden zwingen, etwas zu tun, daher musst du um das bitten, was du brauchst. Es ist jedoch wichtig, deinen Wunsch möglichst positiv zu formulieren. Anstatt also jemandem zu sagen, was er *nicht tun* sollte, ist es besser zu sagen, was er *tun* sollte. Sag also nicht: »Hör auf zu schummeln!«, sondern: »Kannst du dich bitte an die Regeln halten?«

Gefühle-Wortschatz aufbauen

Schau dir bitte die Wörterliste unten an und frag einen Erwachsenen, falls du manche Wörter nicht kennst. Lies dir dann die Situationen unten durch und schreib ein Gefühlswort daneben, das beschreibt, wie du dich in der jeweiligen Situation fühlst.

WÖRTER FÜR GEFÜHLE

- aufgeregt
- aufgewühlt
- ausgeschlossen
- besorgt
- dankbar
- dünnhäutig
- eifersüchtig
- einsam
- entspannt
- enttäuscht
- erleichtert
- erschöpft
- gelangweilt
- gereizt
- in Panik
- neidisch
- neugierig
- rastlos
- ruhig
- schlecht gelaunt
- selbstsicher
- traurig
- überrascht
- ungeduldig
- verlegen

Ein Freund/eine Freundin sagt eine Verabredung in der letzten Sekunde ab. _ _ _ _ _ _ _ _ _ _ _ _

Jemand hält sich bei einem Spiel in der Schulpause nicht an die Regeln. _ _ _ _ _ _ _ _ _ _ _ _ _ _

Jemand macht sich in der Schule über deine Kleidung lustig. _

Du gehst aus Versehen in den falschen Klassenraum. _

Ein Freund/eine Freundin bekommt den Roller, den du dir immer gewünscht hast. _ _ _ _ _ _ _ _

Du wartest darauf, dass deine Eltern aufhören zu telefonieren, damit ihr zusammen spielen könnt. _

Du willst endlich ankommen, aber die Autofahrt dauert noch zwei Stunden. ______________

All deine Freunde reden über einen Film, den du nicht gesehen hast. ____________________

Deine Mutter oder dein Vater kommt 15 Minuten zu spät, um dich abzuholen. ______________

Du hast viel für einen Test geübt und bist gut vorbereitet. ___________________________

Du hattest einen langen Schultag und willst allein sein. _____________________________

Du hast stundenlang nichts gegessen und bist sehr hungrig. ___________________________

Was willst oder brauchst du wirklich?

Lass uns jetzt üben, wie man die eigenen Gefühle und Bedürfnisse erkennt und anderen mitteilt. Nutze die Liste mit den Gefühlen, die du schon aus Übung 1 kennst, und die Liste mit den Bedürfnissen, um den Lückentext auf der rechten Seite auszufüllen. Frag einen Erwachsenen, dem du vertraust, falls du ein Wort nicht verstehst.

LISTE GEFÜHLE

- aufgeregt
- aufgewühlt
- ausgeschlossen
- besorgt
- dankbar
- dünnhäutig
- eifersüchtig
- einsam
- entspannt
- enttäuscht
- erleichtert
- erschöpft
- gelangweilt
- gereizt
- in Panik
- neidisch
- neugierig
- rastlos
- ruhig
- schlecht gelaunt
- selbstsicher
- traurig
- überrascht
- ungeduldig
- verlegen

LISTE BEDÜRFNISSE

- Anerkennung
- Aufmerksamkeit
- Beständigkeit
- Bewegung
- Essen
- feiern
- Freude
- gut in etwas sein
- Herausforderungen
- Hoffnung
- innere Ruhe
- Kooperation
- kreativ sein
- Liebe
- Luft
- Nähe zu Freunden und Verwandten
- Ordnung
- Schlaf
- Schutz
- sich ausleben können
- Sicherheit
- spielen
- Unabhängigkeit
- Verständnis
- Vertrauen
- Wahlfreiheit
- Wasser

Als Freunde eine Verabredung abgesagt haben, war ich _______________________________

und ich brauchte/wollte ____.

Als jemand beim Spielen gegen die Regeln verstoßen hat, war ich _______________________

denn ich brauchte/wollte ____.

Als ich darauf gewartet habe, dass du dein Telefongespräch beendest, war ich _____________

denn ich brauchte/wollte ____.

Als ich zwei Stunden im Auto sitzen musste, war ich _________________________________

denn ich brauchte/wollte ____.

Als ihr über einen Film geredet habt, den ich nicht kannte, war ich ____________________

denn ich brauchte/wollte ____.

Weil ich stundenlang nichts gegessen hatte, war ich _________________________________

denn ich brauchte/wollte ____.

Was willst oder brauchst du wirklich?, *Fortsetzung*

Weil ich alle Aufgaben im Matheunterricht schon kannte, war ich ____________________

denn ich brauchte/wollte ____ .

Als ich sah, wie unordentlich das Badezimmer war, war ich ______________________

denn ich brauchte/wollte ____ .

Bitte oder Forderung

Wenn man etwas wirklich will und gleichzeitig zum Beispiel wütend ist oder ein anderes starkes Gefühl hat, kommt es manchmal vor, dass man sich aufführt wie ein König oder eine Königin und den anderen Befehle erteilt. Man kann aber Leuten nicht einfach befehlen, was sie zu tun haben. Man muss ihnen eine Wahl lassen. Und das ist der Unterschied zwischen einer Forderung (»Du musst das tun!«) und einer Bitte (»Würdest du bitte das hier tun?«). Das zweite ist eine Frage, und hier hat man die Wahl.

Wenn man um etwas bittet, statt etwas zu fordern oder zu befehlen, sind Menschen normalerweise eher dazu bereit, etwas für einen zu tun.

Verwandle jetzt bitte die folgenden Forderungen in Bitten.

FORDERN	BITTEN
Lass mich in Ruhe!	Könntest du mich bitte für fünf Minuten allein lassen?
Ich will weiterspielen!	
Ich will, dass du mir diese Süßigkeiten kaufst!	
Gib mir den Ball!	

Bitte oder Forderung, *Fortsetzung*

FORDERN	BITTEN
Da gehe ich nicht hin!	
Hol mich hier sofort ab!	
Ruf sie an und sag ihr, dass ich nicht komme!	
Du darfst nicht mitspielen!	
Du darfst nur kochen, was ich will!	

DIE WUT DER ANDEREN

Hast du schon mal Lust gehabt, in die Haut eines anderen zu schlüpfen, um zu sehen, wie sich das anfühlt? Natürlich kann man nicht komplett in das Leben eines anderen eintauchen, aber man kann versuchen, sich vorzustellen und zu verstehen, wie ein anderer Mensch sich fühlt. Das nennt man Einfühlungsvermögen oder *Empathie*.

Gerade, wenn es um Wut geht, ist Empathie eine sehr wichtige Fähigkeit. Denn sie hilft dir aus dem Tunnelblick heraus, den man bei starken Gefühlen hat. Dadurch kannst du wieder das große Ganze sehen.

Wenn du auf einen wütenden Menschen mit noch mehr Wut reagierst, steigen beide Wut-Thermometer in den dunkelroten Bereich und können regelrecht explodieren – wie bei einem Vulkanausbruch. Oft beantwortet man Wut mit Wut, weil man sich nicht unterbuttern lassen will. Oder man will seinen Standpunkt verteidigen und allen zeigen, dass die eigene Meinung die richtige ist. Das will die andere Person aber natürlich auch, und so schaukelt man sich gegenseitig hoch.

Viel schlauer ist es da, mit Verständnis auf die Wut zu reagieren und zu versuchen, sich in den anderen hineinzuversetzen. Mach einfach eine kurze Pause und frag dich, wie sich die andere Person jetzt wohl fühlt und was sie braucht. Mit Empathie und Verständnis könnt ihr es schaffen, zusammenzuarbeiten und gemeinsam zu bekommen, was ihr beide braucht oder wollt.

Wenn man wütend ist, wird man oft sehr stur und starrköpfig. Man stampft vor lauter Wut mit dem Fuß auf und will, dass alles nach der eigenen Nase läuft. Wut kann sich aber auch wie ein Gefängnis anfühlen, aus dem man nicht mehr herauskommt. Eine Möglichkeit, sich aus diesem Wut-Gefängnis zu befreien, ist, sich selbst und anderen zu verzeihen. Schließlich machen deine Freunde oder deine Familie dich nicht mit Absicht wütend. Sie haben nur einfach ab und zu andere Bedürfnisse als du.

Natürlich musst du dich nicht dazu zwingen, jemandem zu verzeihen, wenn du noch nicht dazu bereit bist. Stell dir die Vergebung wie ein Samenkorn vor, das du einpflanzt. Überleg dir, wie es sich anfühlen würde und wie die Pflanze aussehen würde, wenn du sie wachsen lassen würdest. Falls sich das gut anfühlt, kannst du das Samenkorn in deiner Vorstellung gießen und langsam wachsen lassen, bis du bereit bist zu verzeihen. Die Fähigkeit des Menschen zu verzeihen zeigt, dass jeder im Inneren das große Bedürfnis hat, glücklich und zufrieden zu sein, und dass er das auch allen anderen wünscht.

Wenn Wut auf Wut trifft

In den folgenden Situationen treffen zwei wütende oder genervte Menschen aufeinander. Mögliche Sätze, die fallen können, wenn Wut auf Wut trifft, sind in Rot geschrieben.

Stell dir vor, du würdest diese Situationen erleben. Lies dir dann die möglichen Reaktionen unter den roten Sätzen durch und kreise ein, was du tun würdest, um dich zu beruhigen. Überleg dir anschließend eine ruhige Antwort, die du an die andere Person richten könntest.

NIE HÖRST DU ZU! DU DOCH AUCH NICHT!

Was könntest du tun, wenn du über etwas wütend bist, was ein Freund oder eine Freundin sagt? Kreise eine der Möglichkeiten ein.

- Innehalten und tief einatmen.
- Darum bitten, sich ein paar Minuten zurückziehen zu dürfen.

Wie könnte eine *ruhige* Antwort aussehen? ____________________________________

____

LEG DIE KONSOLE WEG! NEIN! NIE DARF ICH SPIELEN!

Was könntest du tun, wenn du wütend über etwas bist, was deine Eltern sagen? Kreise eine der Möglichkeiten ein.

- Beim Spielen eine Pause einlegen und zweimal tief in den Bauch atmen.
- Beim Spielen eine Pause einlegen und den Eltern sagen, dass du ein paar Minuten für dich brauchst, bevor du reden kannst.
- Dir vorstellen, wie deine Eltern sich fühlen und was sie vielleicht brauchen könnten.

Wie könnte eine *ruhige* Antwort aussehen? ____________________________________

____

Wenn Wut auf Wut trifft, *Fortsetzung*

GIB MIR MEIN SPIELZEUG ZURÜCK!

NEIN, JETZT SPIELE ICH DAMIT!

Was könntest du tun, wenn du wütend über etwas bist, das dein Bruder oder deine Schwester sagt?

- Weggehen, mich beruhigen und dann wieder zurückkommen.
- Den Eltern erzählen, was passiert ist.
- Irgendetwas anderes spielen und nach fünf Minuten ruhig darum bitten, das Spielzeug zurückzubekommen.

Wie könnte eine *ruhige* Antwort aussehen, wenn du zurückkommst? ___________________

____

____

Wenn Wut auf Verständnis trifft

Empathie ist die Fähigkeit, sich in andere Menschen und ihre Gefühle und Bedürfnisse hineinzuversetzen. Verwende für die folgende Übung bitte noch mal die Wörter für Gefühle und Bedürfnisse. Diesmal verbindest du sie allerdings mit anderen Menschen.

LISTE GEFÜHLE

- aufgeregt
- aufgewühlt
- ausgeschlossen
- besorgt
- dankbar
- dünnhäutig
- eifersüchtig
- einsam
- entspannt
- enttäuscht
- erleichtert
- erschöpft
- gelangweilt
- gereizt
- in Panik
- neidisch
- neugierig
- rastlos
- ruhig
- schlecht gelaunt
- selbstsicher
- traurig
- überrascht
- ungeduldig
- verlegen

LISTE BEDÜRFNISSE

- Anerkennung
- Aufmerksamkeit
- Beständigkeit
- Bewegung
- Essen
- feiern
- Freude
- gut in etwas sein
- Herausforderungen
- Hoffnung
- innere Ruhe
- Kooperation
- kreativ sein
- Liebe
- Luft
- Nähe zu Freunden und Verwandten
- Ordnung
- Schlaf
- Schutz
- sich ausleben können
- Sicherheit
- spielen
- Unabhängigkeit
- Verständnis
- Vertrauen
- Wahlfreiheit
- Wasser

Wenn Wut auf Verständnis trifft, *Fortsetzung*

Situation 1: Dein Vater kommt in dein Zimmer. Er sieht jede Menge Klamotten und Spielzeug auf dem Boden und sagt: »Was für ein Chaos! Nie räumst du auf!«

Wie fühlt sich dein Vater wohl? ____

Was braucht oder will dein Vater? ____

Situation 2: Deine Klassenkameraden reden, während die Lehrerin etwas erklärt. Die Lehrerin sagt: »Ruhe jetzt! Ihr bleibt in der Pause alle im Klassenzimmer!«

Wie fühlt sich deine Lehrerin wohl? ____

Was braucht oder will deine Lehrerin? ____

Situation 3: Deine Freundin fliegt beim Völkerball raus, weil du sie abgeworfen hast. Sie sagt: »Du hast viel zu stark geworfen, und das ist gegen die Regeln. Ich will wieder rein.«

Wie fühlt sich deine Freundin wohl? ____

Was braucht oder will deine Freundin? ____

Wenn Wut auf Vergebung trifft

Wenn man wütend ist, wird man oft sehr stur und starrköpfig. Anderen zu verzeihen, was sie getan oder gesagt haben, wird dann schwierig – egal, ob sie einen mit Absicht verletzt haben oder nicht.

In dieser Übung lernst du, die Saat der Vergebung zu säen. Die Samenkörner werden dein Herz langsam dafür öffnen, in einer schwierigen Situation dir selbst und anderen verzeihen zu können.

Denk an einen Wut-Streit, den du vor Kurzem mit jemandem hattest.

Überleg dir, wodurch du die Person wütend gemacht haben könntest. Auch wenn es nur aus Versehen war.

Was könntest du getan haben, das die andere Person dann noch wütender gemacht hat? _____

____

____

Wenn Wut auf Vergebung trifft, *Fortsetzung*

Leg jetzt eine Hand auf dein Herz und sag dir: »Ich vergebe mir selbst und lasse los.«

Denk dann an die Person, die auf dich wütend war. Sie fühlt sich vielleicht schuldig und beschimpft sich selbst.

Welche schlechten Gefühle hat diese Person jetzt wohl? ____________________________

____

Sag dann zu dir: »Ich wünsche ihm/ihr, dass er/sie sich selbst verzeihen und loslassen kann.«

Denk jetzt an die Wut, die du wegen der anderen Person spürst.

Weswegen bist du immer noch wütend auf diese Person? ____________________________

____

Leg wieder deine Hand aufs Herz und sag dir: »Ich vergebe ihm/ihr. Ich lasse los.«

Denk jetzt an die Wut, die die andere Person deinetwegen spürt.

Weswegen ist sie wohl immer noch wütend auf dich? ______________________________

____

Leg deine Hand aufs Herz und sag zu dir selbst: »Ich wünsche mir, dass er/sie mir vergeben und loslassen kann.«

Schließ am Ende bitte die Augen und stell dir vor, wie ihr einander verzeiht. Leg die Hand aufs Herz und sag zu dir selbst: »Ich wünsche mir, dass wir einander vergeben und loslassen können.«

Was würde wohl passieren, wenn ihr einander vergeben und loslassen könntet? ___________

____

____

Wem würdest du gerne vergeben? ______________________________________

Wie fühlst du dich am Ende dieser Übung? ________________________________

____

____

DU HAST DIE MACHT

Glückwunsch, jetzt bist du schon beim letzten Kapitel angelangt! Ich hoffe, ich konnte dir schon viele gute Tipps und Tricks zeigen, wie du mit deiner Wut und anderen schwierigen Gefühlen besser umgehen kannst. Ein paar coole Tricks warten aber noch auf dich!

In diesem Kapitel lernst du unter anderem, wie du deine Aufmerksamkeit bewusst steuern kannst, was ein Drang ist und wie du ihn kontrollierst. Außerdem gibt es Übungen, die dir zeigen, wie du glücklicher und dankbarer für das wirst, was du hast.

Als Erstes geht es aber um das Drang-Surfen. Drang-Surfen heißt, dass du beobachtest, wie irgendein Drang – zum Beispiel herumzuzappeln oder zu schreien – sich langsam in dir auftürmt wie eine Welle. Anstatt dem Drang nachzugeben, bleibst du ruhig, surfst über die Welle hinweg und siehst zu, wie sie langsam verschwindet. Wenn du das immer wieder übst, kannst du besser die Kontrolle über deinen Körper und deine Handlungen behalten.

Außerdem üben wir gemeinsam, wie du bewusst deine Aufmerksamkeit auf etwas Bestimmtes richten kannst. So wie ein Regisseur beim Film gibst du dir selbst Anweisungen und lenkst deine Aufmerksamkeit zum Beispiel auf das Atmen oder Zuhören.

Danach beschäftigen wir uns mit Dankbarkeit. Sie ist wie ein Muskel, den du trainieren kannst. Damit Dankbarkeit für dich etwas ganz Selbstverständliches wird, musst du sie üben. Du lernst Dankbarkeit, indem du an all die Menschen, Erlebnisse und Dinge denkst, die dein Leben großartig machen. Und auch, indem du auf dich selbst stolz bist. Dankbarkeit motiviert dazu, freundlich und gesund zu handeln, weil das ein gutes Gefühl gibt.

Wenn man wütend oder genervt ist, vergisst man leicht die Dinge, die einem Spaß machen und die die schlechte Laune aufbessern könnten. Deshalb ist es hilfreich, wenn du dir in einer ruhigen Minute überlegst, was dich glücklich macht. Alles, was dir einfällt, schreibst du auf eine Liste. Hol diese Liste wieder hervor, wenn du beleidigt oder gestresst bist, und tu dann die Dinge oder fahr zu den Orten, die dir inneren Frieden und Glück schenken.

In der letzten Übung geht es um Herzerfülltheit. Herzerfülltheit ist ein freundliches Gefühl, das man sich selbst und anderen schenkt. Zum Beispiel kannst du im Laufe des Tages immer wieder anderen Menschen Glück, Frieden und Ruhe wünschen. Du tust das nur in Gedanken, aber es erfüllt dein Herz mit Liebe und Wärme.

Herzerfülltheit zu verschenken hilft dir dabei, anderen Menschen gegenüber rücksichtsvoller und fürsorglicher zu werden. Und es hilft dir auch, deine gute Laune zu behalten. Wenn dein Herz mit freundlichen Gedanken erfüllt ist, bleibt dein Geist offen, friedvoll und interessiert an den Gefühlen der anderen.

Surfe über deinen Drang hinweg!

Jeder Mensch kennt Situationen, in denen plötzlich ein ganz starker Drang in einem aufsteigt! Auch du! Wenn du hungrig bist, hast du zum Beispiel den Drang zu essen, und wenn etwas juckt, willst du dich unbedingt kratzen. Das geschieht ganz unbewusst, man hat den Eindruck, man habe gar keine Wahl.

Wenn man aber jedem Drang nachgibt, wird man ständig abgelenkt und kann sich nicht richtig konzentrieren. In der Schule ist man dann rastlos und kann nicht still sitzen. Und wenn man wütend ist, hat man vielleicht den Drang, auf irgendetwas einzuschlagen.

Du bist deinem Drang aber nicht ausgeliefert! In dieser Übung lernst du etwas, was man Drang-Surfen nennt. Dabei stellst du dir den Drang wie eine Welle vor, die in dir aufsteigt. Statt dich von der Welle mitreißen zu lassen, reitest du auf ihr und beobachtest einfach nur, wie sie langsam wieder kleiner wird und verschwindet. Du surfst also über deinen Drang hinweg, statt ihm zu folgen. Lass uns das einmal üben!

ICH BIN EIN BERG

1. Mach es dir auf einem Stuhl oder auf dem Sofa bequem.
2. Stell beide Füße auf den Boden und leg die Hände auf die Beine.
3. Halt deinen Rücken gerade und entspannt.
4. Stell deinen Timer auf eine Minute und bleib ganz still in dieser Stellung sitzen.
5. Stell dir vor, dein Kopf wäre ein Berggipfel. Deine Schultern sind die Berghänge und deine Beine sind der Fuß des Bergs.
6. Schließ die Augen und denk an einen schönen Berg, den du schon einmal gesehen hast oder den du gerne einmal sehen würdest. Stell dir vor, du wärst dieser Berg – ruhig, fest und stark.
7. Steigt jetzt irgendein Drang in dir auf? Wie fühlt er sich an? Kribbelt es, juckt es dich oder wird dir heiß? Wo spürst du den Drang in deinem Körper? Beobachte eine Minute lang, nach welchen Dingen du einen Drang verspürst, und beantworte dann die folgenden Fragen.

Nach welchen Dingen hast du einen Drang verspürt? ______________________________

____

Wie hat sich das Drang-Surfen angefühlt? ________________

____

Hast du irgendeinem Drang nachgegeben? ________________

____

Wo könntest du im Alltag Drang-Surfen üben? ________________

____

Wie könnte das Drang-Surfen bei Wutanfällen helfen? ________________

____

Aufmerksamkeit steuern

Manchmal verhält sich unsere Aufmerksamkeit wie ein kleiner Hundewelpe, der sich auf nichts richtig konzentrieren kann und sich ständig ablenken lässt. Mit ein bisschen Übung können wir unser Welpengehirn aber dazu bringen, die Aufmerksamkeit gezielt auf eine bestimmte Sache zu lenken – zum Beispiel, wenn wir ein Instrument oder eine Sportart lernen oder einem Lehrer oder Freund zuhören möchten. Wenn du deine Aufmerksamkeit bewusst auf etwas ausrichten kannst, kommst du besser mit anderen Menschen aus und kannst dich schneller beruhigen, wenn du wütend bist.

Schau dich mal langsam im Raum um und nimm etwas wahr, was dir vorher noch nie aufgefallen ist. Was ist das?

Schließ deine Augen und atme dreimal langsam ein und aus. Sag dabei in Gedanken: »Einatmen, ausatmen.«

Halt die Augen geschlossen und nimm drei Körperempfindungen wahr (Hitze oder Kälte, Hunger oder Durst oder Ähnliches).

Was hast du wahrgenommen? ____________________

____

____

Schließ noch mal die Augen und versuch, drei verschiedene Geräusche wahrzunehmen.

Was hast du wahrgenommen? ____________________

____

Was ist das leiseste Geräusch, das du hören kannst? ____________________

____

Denk am Schluss an Menschen, die du sehr magst. Schließ deine Augen und stell dir vor, dass sie etwas tun, was sie sehr glücklich, zufrieden und stark macht.

Was hast du dir vorgestellt? _______________________________________

____

Mal jetzt ein Bild von dem, was sie glücklich, zufrieden und stark macht.

Merkst du, wie viel Macht du über das hast, was du denkst und worauf du dich konzentrierst? Wenn du das nächste Mal in der Schule oder zu Hause abgelenkt bist, dann übe bitte, deine Aufmerksamkeit gezielt wieder dahin zu lenken, wo du sie haben möchtest. Aber natürlich mit viel Eigenliebe und Selbstfreundlichkeit!

Dankbarkeit trainieren

Geht es dir auch so? Irgendwie denkt man viel häufiger an Dinge, die schiefgelaufen sind, als an das, was unser Leben toll und einzigartig macht. Dabei gibt es so vieles, für das man dankbar sein kann!

Das Gute aber ist: Man kann Dankbarkeit trainieren. Es kostet nur etwas Zeit und Mühe, so als würdest du ein Musikinstrument oder eine Sportart lernen. Durch Dankbarkeit lernst du, all die kleinen und großen Wunder um dich herum zu sehen. Du siehst die lieben Menschen um dich herum und was du schon alles geschafft hast, um deine Wut besser in den Griff zu kriegen. Dankbarkeit ist eine echte Motivationsspritze. Sie hilft dir, immer dein Bestes zu geben, weil du merkst, wie gut sich das anfühlt.

Nimm dir jetzt etwas Zeit, um über all die Menschen, Dinge und Erlebnisse nachzudenken, für die du dankbar bist.

Schließ die Augen und frag dich:

Wofür bin ich meiner Familie dankbar? ______________________________________

____

Wofür bin ich allgemein dankbar? ______________________________________

____

Wofür bin ich jetzt gerade dankbar? ______________________________________

____

Denk jetzt mal darüber nach, wie dein Tag bisher so gelaufen ist. Überleg dir bitte drei Dinge, für die du dir selbst dankbar bist. Hast du vielleicht jemandem bei den Hausaufgaben geholfen? Oder hast du es geschafft, deine Wut herunterzukühlen? Schreib die Dinge bitte unten auf – es können auch ganz kleine Sachen sein.

Für diese Dinge, die ich heute getan habe, bin ich mir dankbar:

1. --

2. --

3. --

Wie fühlt es sich an, sich selbst dankbar zu sein?

Der beste Tag deines Lebens

Wenn man schlecht gelaunt ist, hat man meistens keine Lust auf gar nichts. Am liebsten würde man einfach nur zu Hause bleiben und sich die Decke über den Kopf ziehen. Gerade dann ist es aber besonders wichtig, Dinge zu tun, die einem Spaß machen oder die einen entspannen. Suhle dich nicht zu lange in deinem Unglück, sondern tu Dinge, die dir Spaß machen – auch wenn es nur kurz ist. Denn das macht dich im Ganzen zufriedener und glücklicher.

Was einen glücklich macht, ist aber für jeden unterschiedlich. Vielleicht liebst du Musik oder verkleidest dich gerne? Lass uns gemeinsam herausfinden, welche Aktivitäten du magst und entspannend findest. Lies dir die Aktivitäten unten durch und kreis deine Favoriten ein. Füg dann noch drei eigene hinzu.

AKTIVITÄTEN, DIE MICH ENTSPANNEN

Bad nehmen

Brettspiele spielen

Buch lesen

Film gucken

Gassi gehen mit meinem Hund

Kochen mit meiner Familie

Mit Freunden zusammen sein

Musik hören

- -

- -

- -

Welche Musik hörst du gerade?

AKTIVITÄTEN, DIE SPASS MACHEN

Es gibt viele tolle Aktivitäten, mit denen man sich den Tag verschönern kann. Füg zur Liste unten noch drei eigene Beispiele hinzu.

Mir macht es Spaß,

irgendetwas zu feiern ______________________________

ein Picknick zu machen ______________________________

Sport zu machen ______________________________

im Park zu spielen

Der beste Tag deines Lebens, *Fortsetzung*

Was wird bei dir gefeiert?

Schließ deine Augen und stell dir vor, du würdest etwas tun, was dich beruhigt.

Was stellst du dir vor? ____

____

____

Schließ noch mal deine Augen und stell dir vor, du würdest etwas tun, was dir Spaß macht.

Was ist das? ____

____

____

ÜBUNG 5

Herzerfülltheit

Manchmal wacht man morgens schon schlecht gelaunt oder kraftlos auf. An anderen Tagen strotzt man nur so vor Energie und guter Laune. Wegen all der Höhen und Tiefen vergisst man leicht, wie viel Einfluss man darauf haben kann, wie es einem selbst und anderen geht.

In dieser Übung füllst du dein Herz mit freundlichen Gedanken und sendest sie einen Tag lang anderen Menschen und dir selbst.

Wen siehst du morgens als Erstes, wenn du aufstehst? Mal ein Bild von dieser Person.

Schließ jetzt deine Augen und sende dieser Person freundliche Gedanken. Wünsch ihr zum Beispiel ein gesundes Frühstück oder einen schönen Tag.

Mal ein Bild von den freundlichen Gedanken, die du dieser Person schickst.

Herzerfülltheit, *Fortsetzung*

Denk jetzt an jemanden in der Schule, wie eine Freundin oder einen Lehrer. Schließ die Augen und sende ihnen freundliche Gedanken. Wünsch ihnen zum Beispiel, dass sie etwas tun, was ihnen Spaß macht oder das sie entspannt.

Mal, welche freundlichen Gedanken du diesen Personen schickst.

Stell dir jetzt vor, ein langer Tag ist zu Ende und du hast dich in dein Bett gekuschelt. Schließ die Augen und schick dir selbst freundliche Gedanken. Stell dir zum Beispiel vor, tief zu schlafen oder morgens frisch und glücklich aufzuwachen.

Mal, welche freundlichen Gedanken du dir selbst schickst.

Anhang

EMPFEHLENSWERTE ANGEBOTE UND BÜCHER

ACHTSAMKEITS- UND MEDITATIONSANGEBOTE FÜR KINDER

Achtsame Pause
Online-Achtsamkeitstraining für Kinder und Jugendliche
www.achtsamepause.de

Akademie Gesundes Leben
Achtsamkeitskurse für Kinder und Erwachsene mit zertifizierten Lehrenden
www.akademie-gesundes-leben.de

BuddhaBoo
Meditation und Achtsamkeit für Kinder mit App
www.buddhaboo.de

Institut für Achtsamkeit
Achtsamkeitskurse für Kinder und Erwachsene mit zertifizierten Lehrenden
www.institut-fuer-achtsamkeit.de

EMPFEHLENSWERTE BÜCHER

***Achtsame Kommunikation mit Kindern: Zwölf revolutionäre Strategien aus der Hirnforschung für die gesunde Entwicklung Ihres Kindes* von Daniel J. Siegel und Tina Payne Bryson**

Dieses Buch erklärt die neuen wissenschaftlichen Erkenntnisse über die Prägung und Entwicklung des kindlichen Gehirns. Durch die Anwendung dieser Erkenntnisse auf das tägliche Leben mit Kindern können Sie Wutausbrüche, Streit oder Ängste zu einer Gelegenheit machen, um die Integration des Gehirns Ihres Kindes zu unterstützen und wirkliches Wachstum zu ermöglichen.

***Achtsame Kommunikation mit Kindern – Arbeitsbuch* von Daniel J. Siegel und Tina Payne Bryson**

Dieses Arbeitsbuch macht Eltern und Betreuern deutlich, wie sie das Verständnis für ihre Kinder und die Verbundenheit mit ihnen vertiefen und zugleich lernen können, sich selbst in ihrer Eltern- und Erzieherrolle besser zu verstehen.

***Achtsame Spiele* von Susan Kaiser Greenland**

Das Buch verknüpft spannende praktische Achtsamkeitsübungen für Kinder mit der zugrunde liegenden Psychologie und Pädagogik. Ausführliche Anleitungen zeigen, wie sowohl pädagogische Fachkräfte in Kindergärten und Schulen als auch Eltern Achtsamkeit spielerisch umsetzen können.

***Disziplin ohne Drama* von Daniel J. Siegel und Tina Payne Bryson**

Dieses Buch zeigt Ihnen, wie Sie mit dem sich entwickelnden Geist Ihres Kindes arbeiten, Konflikte friedlich lösen und Glück und Resilienz sämtlicher Familienmitglieder erhöhen können.

REGISTER

ÜBER DIE AUTORIN

Samantha Snowden arbeitet seit über zehn Jahren mit Jugendlichen, Familien und Erwachsenen aus aller Welt. Anfangs war sie als Coach für Teenager an der UCLA und als Stärken-Coach und Pädagogin in Communitys in ganz Los Angeles tätig. Zudem hat Samantha Snowden ehrenamtlich in Guatemala, Portugal, Spanien, Großbritannien, Schweden und Peru gearbeitet und dort gemeindebasierte, psychologische Dienste für Jugendliche und Familien angeboten.

Snowden hat mit einigen der anerkanntesten und effektivsten Jugendförderungsprogramme zusammengearbeitet, darunter die EduCare Foundation, Insight Seminars, die Canadian Alliance for Development Initiatives and Projects (CADIP), das UCLA Mindful Awareness Research Center (MARC), das UCLA Community Based Learning Program und das UCLA Neuropsychiatric Institute, das Detox Center am Mount Sinai St. Luke's in New York City sowie Meditationszentren im In- und Ausland. Darüber hinaus hat sie sowohl Achtsamkeitsprogramme für Schulen in Los Angeles als auch Erwachsenenbildungsprogramme im Ausland konzipiert und geleitet. Außerdem hat sie für das Moment Health Program von UnitedHealthcare Online-Achtsamkeitskurse durchgeführt.

Snowden hat einen Bachelor in Psychologie an der UCLA und einen Master in klinischer und pädagogischer Psychologie an der Columbia University abgeschlossen. Sie hat an der Columbia University ein Achtsamkeitsprogramm mitentwickelt und war währenddessen als Forscherin im Achtsamkeitslabor tätig. Außerdem hat Snowden Fortbildungen in Verhaltensneurowissenschaften, Katathym Imaginativer Psychotherapie, Yoga und Ernährung absolviert. Sie hat ein Zertifikat in Achtsamkeitsförderung des Mindful Awareness Research Center und hat für Mindful Schools und Inner Kids gearbeitet. Sie bietet Achtsamkeitscoachings und Achtsamkeitsförderung für Jugendliche, Erwachsene, Familien, Schulen und Pädagogen sowohl vor Ort als auch online an. Aktuell ist sie als internationale Achtsamkeitskoordinatorin im Peak Brain Institute tätig.